英语教育理论与教学策略研究

庞红梅 著

中国海洋大学出版社

·青岛·

图书在版编目（CIP）数据

英语教育理论与教学策略研究／庞红梅著. -- 青岛：
中国海洋大学出版社, 2023.10
ISBN 978-7-5670-3626-0

Ⅰ.①英… Ⅱ.①庞… Ⅲ.①英语-教学研究-高等
学校 Ⅳ.①H319.3

中国国家版本馆 CIP 数据核字（2023）第 177308 号

YINGYU JIAOYU LILUN YU JIAOXUE CELÜE YANJIU

出版发行	中国海洋大学出版社
社　　址	青岛市香港东路 23 号　　　　　　邮政编码　266071
网　　址	http://pub.ouc.edu.cn
出 版 人	刘文菁
责任编辑	由元春　　　　　　　　　　　　　电　　话　15092283771
电子邮箱	502169838@qq.com
印　　制	青岛中苑金融安全印刷有限公司
版　　次	2023 年 10 月第 1 版
印　　次	2023 年 10 月第 1 次印刷
成品尺寸	170 mm×240 mm
印　　张	10.25
字　　数	190 千
印　　数	1~1000
定　　价	38.00 元

发现印装质量问题，请致电 0532-85662115，由印厂负责调换。

前　言

在全球化背景下,世界各国之间的经济合作、文化互动越来越频繁。英语作为国际沟通的重要媒介,在世界各国的跨文化交际中起着重要的作用。随着跨文化交际的发展,社会对英语专业人才的要求也越来越高,同时英语专业人才的竞争也越来越激烈。从本质上而言,人才的竞争就是教育的竞争。而英语人才的竞争,实际上就是英语教育的竞争。英语教育属于教育研究的范畴,它是教育者根据教育目标,结合学生的实际需求,采取各种教育方法和手段,用先进的教育理念对学生施以有计划、有目的的影响,使学生学习英语知识、提高英语技能的实践活动。其基本任务是提高学生的英语综合能力,促进学生的发展,为世界各国的交流与合作提供更多的创新型、实用型英语人才。英语教育不仅涉及教育者教的过程,还涉及学生学的过程。除了受到教育者和学生的影响外,英语教育还受教育目标、教育内容、教育媒体、教育环境、教育方法等因素的影响。重视英语教育,提高英语教育的实效性,对我国改革开放进程的加快、人才强国战略的实施、跨文化交际人才的培养具有重要的现实意义。

英语教育的开展需要语言学、教育学、心理学、社会学、经济学等学科理论的支持,同时还需要有效的教学策略作为保障。教学策略对英语教育的影响是不容忽视的。死板机械的教学策略,只会阻碍英语教育的发展。灵活多变的教学策略才能提高英语教育的实效性,才能实现英语教育的目标,才能促进英语教育的革新。这就要求英语教育者要理解英语教育理论,结合学生的实际学习情况,选择和运用多样化的教学策略,不断地推动英语教育改革,使其适应当今教育改革的要求和发展。基于此,本书在总结前人研究成果及自身多年科研经验的基础上系统梳理了英语教育理论与教学策略的相关知识,以期能够为英语教育与教学策略研究提供有益借鉴。

本书共分八章。第一章和第二章主要从英语教育入手,分析英语教育的影响因素,论述英语教育的主要原则,探讨英语教育的发展趋势。同时,结合语言学、心理学、语言学习理论,阐述英语教育的相关理论,为英语教育及其教学研究提供理论指导。第三章到第七章主要是对英语教学的相关策略进行具体论述，分析英语情境教学的重要性、必要性以及设计与活动组织等理论知识，提出英语情境教学的具体策略；阐述英语互动式教学的程序、原则以及具体策略问题，同时还阐述其在英语听、说、读、写、译教学中的具体应用；论述英语多模态教学的相关理论，探索多模态英语教学模式与评估体系的构建；分析英语生态教学的理论、特征、功能，提出信息化时代英语课堂生态的失衡与重构；结合微课、慕课、翻转课堂、混合式教学，论述英语信息化教学策略。第八章主要探索英语教师的角色与素质以及自主发展、专业发展、信息化教学能力发展的相关问题，为英语教育理论与教学策略的实施提供保障。

在写作过程中，笔者查阅了很多国内外资料，吸收了很多与之相关的最新研究成果，借鉴了大量学者的观点，在此表示诚挚的感谢！由于英语教育的发展以及教学策略的多样性，再加上笔者能力有限，书中难免存在不足或遗漏之处，请广大读者批评指正。

目　录

第一章　英语教育概述

在我国，英语属于基础学科，是为了适应社会发展的需要而出现的学科。伴随着经济全球化的深入发展，我国与其他国家之间的交流越来越多，推动了我国英语教育的发展。英语学科作为我国的基础学科，不仅为我国培养出了大量的复合型人才，也进一步提高了我国在国际上的地位。近年来，随着经济的持续发展，英语教育的发展也出现了新的趋势。本章主要以英语教育为中心，论述英语教育相关的内容。

第一节　教育与英语教育诠释

一、教育

教育既是教师教的过程，也是学生学的过程。在这样一个师生互动的过程中，学生在教师引导下不仅能够掌握知识与技能，还能获得能力、情感、态度及价值观等方面的成长，即学生在学习过程中得到了全面发展。可见，作为教与学的有机统一体，教育过程需要教师有计划地教与学生积极地学，这与师生的共同参与密不可分。需要注意的是，学生在这一过程中居于主导地位，教师的作用则是对这一活动进行有效引导。

学校教育是在学校中实施的教育，具有较强的目的性。此外，知识与技能的传递也是教育活动的主要任务，这些传递的内容具体表现为课程内容与教育内容。从总体层面来分析，教育活动的计划性、系统性较强，因此常采取课程计划、教育计划的形式。一般来说，教育行政机构负责课程计划与教育计划的制订。在某些情况下，课程计划与教育计划也可由教师或学校自行制订。

二、英语教育

对于大多数中国学生而言，英语属于第二语言，因此如果缺乏语言运用的环境，缺乏使用对象，那么英语教育必然会走入困境。这是因为英语教育环境对于语言的掌握水平与应用水平都有着直接的影响，这从对英语教育的概念界定中就可以体现出来。从教育学的角度来说，英语教育是教育活动的一种。对于教师来说，教育主要是为了引导学生进行学习；而对于学生来说，教育是在教师的指引下进行学习。学生能够促进自身的发展是教育实现的目标。可见，教育是教师与学生的互动过程，教师负责教，学生负责学，共同实现自身的目标。关于英语教育的界定，可以从如下几点来理解。

（一）有目的的活动

教育的阶段不同，英语教育的目标也不相同。中小学阶段的学生，英语学习主要是学习词汇、语法、听力、阅读等基础知识；而到了大学阶段，学生除了要继续学习基础知识，还需要进一步掌握听、说、读、写、译的技能，并将这些技能与文化相结合，从而将英语知识运用到日常生活与工作中。

（二）具有系统性与计划性

英语教育具有系统性与计划性。说其具有系统性，主要体现在其制订者上，这其中包含教研部门、教育行政机构、学校教育管理者等。说其具有计划性，是指对英语知识展开计划性的教育，如按照语音、词汇、语法、听力、口语、阅读、写作、翻译等知识与技能的先后顺序有计划地传递教育知识。

（三）需要采取合理的教育方法与技术

英语教育需要采取合理的教育方法与教育技术。随着英语教育的发展与进步，很多教育方法应运而生。再加上现代科技的辅助，尤其是网络多媒体的发展，使得英语教育更具有互动性、灵活性，并且教育效果也更加明显。

综上所述，英语教育是指教师从教育目标与教育内容出发，在有计划的、系统的教育过程中，采用一些技术手段，传授英语知识，让学生掌握英语技能，促进学生整体英语素质提升与发展的活动。

第二节 英语教育的影响因素

一、学生

1. 语言学习观念

语言学习观念指的是学生对语言学习的看法和观点。[①] 语言学习观念可以从不同的视角进行理解，其特点具体有如下几个方面。

（1）稳定性。语言学习观念是学生知识储备体系中的一个重要组成部分。

（2）可描述性。学生可以借助提示或者回忆对自己的语言学习观念进行描述。

（3）易错性。学生的学习观念是在各种情况下产生的，并非都是正确的。

（4）交互性。学习观念对学习中的很多因素都会产生深远影响，学生学习策略和学习方法的选择都会受其影响。

学习观念是影响学生学习的最重要的内在因素之一。大量英语教育实践研究表明，英语学习优秀的学生对于自己的学习策略和学习方法的选择、自身的知识水平等都有深刻的认识，因此能够针对不同的语言学习任务选择合适的语言学习方法和策略，以便快速、高效地完成任务。英语学习较差的学生则对于任务的完成抱有一种消极的心态，这样也不利于其学习策略的选择和任务的完成。

2. 学习潜能

学习潜能属于英语学习认知层面的因素，是一种能力的倾向。实际上，学习潜能是指学生是否具备英语学习的天赋。通常情况下，要想提高学生的英语素质，就需要培养学生的综合能力，而学习潜能恰好能测试学生的英语学习水平。学习潜能主要包含以下四个层面。

第一，是否具备对语音的编码与解码能力。

第二，是否具备对语言学习的归纳能力。

第三，是否具有对语法习得的敏感性。

第四，是否具备联想记忆能力。

---

① 汤海丽. 高校英语信息化教学改革与微课教学模式探究 ［M］. 北京：冶金工业出版社，2018.

在这四项学习潜能中，语音编码实际上属于语言的输入，而语音解码属于语言的输出；语言学习的归纳能力是学生能否对语言学习的相关材料进行组织和操作；语法习得的敏感性是指能否根据语言材料来推断语言规则的能力；联想记忆能力是指学生能否对新材料进行吸收和同化。

需要指出的是，不同的学生，其学习潜能也存在明显的差异，因此在英语教育中，教师应该从学生的实际出发，制订符合学生的教育策略，从而努力提高教师的教育水平与学生的学习水平。

3. 学习风格

学习风格是学习者能力的偏好形式，是个人经验与环境相互交织的结果，在一定条件下可发生改变，具有独特性、稳定性、一致性。

学习风格对于英语教育及学习都有重要的影响。对于教师而言，他们应该了解学生的学习风格，只有这样才能对学生进行正确的指导。具体来说，教师可以帮助学生了解自身优势，形成全面、系统的学习风格；可以帮助学生判断自身的学习策略，确定这些策略是否具有合理性；可以在教育组织和教育安排中，兼顾每一位学生的需求，从而有效激励学生进行自主学习。

对于学生而言，如果他们能够对自身的学习风格有清晰的了解，那么就有助于他们找到适合自己的英语学习策略，还能更加主动地观察他人的学习策略，逐步拓宽自己的学习路径。

4. 智力水平

与学习潜能一样，智力也属于认知层面的能力。所谓智力，是指具备观察力、想象力、记忆力及逻辑思维能力的综合，对培养抽象思维、习得语言、解决问题具有重要的意义。而智力水平是学生本身智力所能达到的程度，它对于英语教育也有着深远的影响。

在英语教育中，教师对学生的智力水平要有清晰的把握，这有助于运用恰当的方法传授给学生英语学习的策略和技巧。同样，学生自身对自己智力水平有明确的了解，也有助于自身英语学习方法的形成，并将这些方法灵活地运用到实际情况中。

5. 学习动机

学习动机是指通过激发学生的学习活动，使学生朝着既定的目标或方向努力的一种心理状态，它能够推动学生不断形成自身学习方法，提升自身的英语水平。

学习动机对于英语教育和学习也有着重要影响。如果某位学生的学习动机较为强烈，那么就说明他有着明确的学习目标，对英语学习也有着较强的积极性。相反，如果某位学生的学习动机较弱，那么他在英语学习上就没有太大的积极性，也不会收到好的学习效果。可见，学习动机是影响学生英语学习的关键。

二、教师

教师是英语教育的重要因素，在英语教育中起着主导作用。在英语课堂上，教师主要充当两种角色，即掌控者和引导者。作为一名合格的英语教师，首先应该具有纯正的英语发音。然而并非所有的英语教师都具有纯正的发音，教师可借助多媒体等手段来纠正自己的发音。

在多数英语课堂上，教师的讲课时间占据课堂时间的大部分。不可否认，教师的教有利于学生的语言习得，但也不能因此消耗学生的练习时间。同时，教师还要注意不断变换教育形式，以增强课堂的趣味性。一位合格的英语教师还应具有一定的应变能力，能预测课堂活动中出现的状况，能很好地处理课堂上的突发事件，确保课堂活动的有序开展。

此外，教师应该随时调整自己的提问、语言运用、反馈的方式。在英语课堂中，提问是教师常用的一种教育手段。通过提问，可以有效激发学生的学习兴趣，促使学生积极思考。另外，语言运用的方式也很重要，为了让学生对所讲述知识有充分的了解，教师在教学中可以采用重复话语、降低语速、增加停顿、改变发音、调整措辞、简化语法规则、调整语篇等措施。

学生是英语教育的重要反馈者，同样，教师的反馈也是十分重要的。所谓教师的反馈就是指教师针对学生的学习情况提供反馈。教师的反馈可以是对学生的回答，如表示学生回答得正确或错误、赞扬鼓励、扩展学生的答案、重复学生所答、总结学生回答、批评等。总之，教师要采用不同形式的教育方法，提高学生对英语学习的兴趣，增强学生英语学习的主动性。

三、教育媒体

随着科技的发展，尤其是信息技术和数字化声像技术的发展，多媒体应运而生。网络教育、多媒体教育等成为新的英语教育形式。远程网上教育、虚拟大学、虚拟图书馆如雨后春笋般涌现，层出不穷，互联网的英语教育组织逐渐增多，国际交流日趋频繁，这些都大大提高了英语教育的效率及教育质量，成为英语教育中的重要教育媒体。

多媒体课件克服了传统教材的静态性特点，具有动态性，能集成文字、图像、影像、声音及动画，具有良好的交互性。学生不仅可以听到地道的语音、语调，还可以直接看到对话的情景以及说话人的表情、动作、神态等，从而有利于学生理解、吸收与模仿，对培养学生的学习兴趣和提高英语学习水平都具有积极的作用。网络英语教育实现了适应学生个性的教育：通过网络发布课程内容，学生可以通过网络学习英语、完成作业、参加考试；学生可以在网上参加有关英语教育内容的讨论、向教师咨询等。多媒体教学可以优化英语教育结构，为学生提供更优的学习实践环境，从而全面提高课堂教学效率。

四、教育方法

在英语教育中，有很多教育方法都发挥着重要的作用，在很大程度上促进了英语教育的发展。这些教育方法包括翻译法、直接法、自觉对比法、听说法、视听法、认知法、功能法以及由此派生出来的口语法、全身反应法、自然法、暗示法、沉默法、交际法等。实践证明，没有哪一种教育方法是最好的、最有效的，也没有哪一种方法适用于所有时期、所有地区、所有教育内容。如果教师在英语教育中采用一成不变的教育方法，学生必然会感到厌烦。而且，不同的教育方法对不同的语言知识、语言技能各有侧重，只有综合、灵活地运用各种教育方法，才能有效促进学生英语能力的提高。

在英语教育中，无论用哪些教育方法，教师都必须以学生的语言交际为出发点，将教育与日常实际生活结合起来，鼓励学生创造性地、有目的地运用已学习的语言知识和技能。

五、教育环境

1. 社会环境

社会环境因素是影响和制约英语教育的重要因素。英语教育中大纲的制订以及课程标准的设置都需要以符合社会对于英语人才的需求等为依据。社会环境因素对教育具有导向作用，是英语教育向前发展的动力。

2. 学校环境

（1）教育设备。教育设备是学校教育的重要组成部分，学校教育设备包括很多方面，教室、图书馆、实验楼、办公楼、宿舍等都属于学校的教育设备。教育设备的完善程度直接影响着英语教育活动的开展，好的教育设施有助于增强学生的学习意识。一些语音教室和多媒体设备可以为学生的英语口语学习提供必要的技术支持，学生可以通过语音教室等提高自己的口语水平，这些设施也在一定程度上缓解了学生的学习疲劳，有助于激发其英语学习兴趣。总之，这些现代化的教育设备为英语教育提供了较好的环境。

（2）教育信息。现代化的教育设施不仅可以为学生提供学习的工具，还可以拓宽学生的信息渠道。学生的英语知识不仅可以通过课本获得，还可以通过互联网等来获取。英语学习需要实践，只在课本中学习英语是不可能从根本上提高英语水平的。现代网络技术为英语学习提供了很好的信息来源，使学生能够通过互联网等进行交流与学习。

3. 个人环境

个人环境也会对学生的英语学习产生一定的影响。个人环境一般包括学生的家庭成员、同学、朋友的社会地位，家庭成员之间的关系及感情，学生的经济状况，拥有的英语学习设备和用具等。

六、教育内容

教育内容是指在教育活动中为实现教育目标，师生共同作用的知识、技能、技巧、思想、观点、概念、原理、事实、问题、行为习惯等的总和。教育内容是一种特殊的知识系统，既有别于语言知识本身，又不同于日常经历；既要考虑英语学科本身的知识体系，又要考虑学生的年龄特点和实际需求等。通常来讲，教育内容主要有以下几个方面。

（1）语言知识。英语语言知识是英语运用能力的有机组成部分。语言知识是语言学习和语言运用的重要内容之一。英语语言能力的形成是以语言知识为基础的。

（2）语言技能。英语语言的技能主要包括听、说、读、写四个方面，它们是形成英语运用能力的基础和必要手段。听的技能就是分辨和理解话语的能力；说的技能就是运用口语表达思想、输出信息的能力；读的技能是指辨认和理解书面语言的能力；写的技能主要指运用书面语表达思想、输出信息的能力。在大量听、说、读、写等专项和综合性训练中，学生将会形成这几种技能的综合运用能力，为真实的语言交际奠定基础。

（3）文化意识。文化意识是指英语语言国家的地理、历史、风土人情、传统习俗、生活方式、文学艺术、行为规范、价值观念等。教师在英语教育中可以根据学生的年龄特点和认知能力，传授文化知识。

（4）学习策略。所谓学习策略就是学生为了实现提高学习效果而采取的一系列学习行为和学习步骤。英语学习策略主要包括认知策略、调控策略、交际策略和资源策略等。培养学生的学习策略可以促使他们有效学习，并能为其终身学习奠定基础。因此，教师要帮助学生形成自己的学习策略，对自己的学习过程和效果进行监控和反思，培养学生根据学习风格调整学习策略的能力，引导学生善于观察他人的学习策略并乐于尝试不同的学习策略。

第三节　英语教育的原则

一、以学生为中心

学生是教育活动的主体和内在因素，教师想要充分激发学生的主观能动性，提高教育质量，就必须以学生为中心。所谓的以学生为中心，指的是在教育过程中，从学生的实际情况出发设计和组织教育活动，进而培养学生的交际能力。在英语教育中，教师的指导作用不容忽视，但是充分调动学生的积极性才是教育质量有效提高的保证。以学生为中心，需要教师在教育中为学生的学习创造条件。教师的"教"必须建立在学生"学"的基础上，教师的"教"要以学生的"学"为依据。教师在教育中的所有活动都必须考虑学生的心理和需要，根据学生的反应来调节自己的教育活动。具体来说，教师需要做到以下几点。

1. 培养学生成为独立的语言学习者

由于课堂教育受到时间和空间的限制，所以教师向学生传递的知识内容也是有限的。然而，语言学习需要长期不间断地进行，一旦中间有停顿，那么就会导致前面所学内容被荒废，这也是很多学生对英语学习产生抗拒的原因。因此，英语知识仅靠教师的课堂传授是不行的，还需要学生在课下持之以恒地学习。英语教育的目的不仅是向学生传授语言知识，更重要的是使他们成为独立的英语学习者，培养学生运用英语的能力，并教会学生学习英语的方法，培养学生自主学习的意识。

2. 在备课和教育活动中突出学生的中心地位

首先，备课是教师教育的重要环节，教师可以通过备课了解学生。教师可以通过学生在课堂上的表现、测试成绩等了解其学习状况，这些情况的了解都有利于教师根据学生的学习水平、接受能力、学习风格以及学习态度等来设计教育实践活动。教师在备课中应尽量设计一些开放性较强的任务，促使学生都参与进来，使学生真正成为学习的主体。其次，教师要根据学生的特点、知识结构、学习兴趣等内容进行形式多样的活动设计。性格开朗外向的学生往往善于表现自己，因此其对教育活动的参与度就高；而那些性格比较内向的学生不善言谈，羞于表达自己，因此对于教育活动的参与度则低。这样的情况就要求教师在尊重学生差异性的基础上设计一些能够使所有学生都可以参与的教育活动。教育活动设计应该能够激发学生的参与积极性，且能够保证学生的全面参与。

二、循序渐进

任何事物都是循序渐进地发展起来的，英语的教与学也是如此。学生的英语学习必须经历一个由易到难、由外到内的吸收和消化的过程，这样才能真正掌握所学的知识，才能将这些知识为自己所用。因此，英语教育也必须遵循人类认知的渐进规律，遵循循序渐进的原则开展英语教育。

1. 口语向书面语过渡

学生在学习语言时首先以口语开始，逐渐过渡到书面语。英语包括口语和书面语两种形式，但是从语言的发展史来看，口语的发展要早于书面语，文字的出现要晚得多。因此，学生学习英语应从听说（口语）开始，逐渐过渡到读写。

此外，由于口语里出现的词汇比较常用，而且大都是日常生活用语，句子结构也相对简单，与书面语相比更容易学习，因此通过口语的学习，学生可以很快获得与日常生活相关的交际语言，迅速提高交际能力。

2. 听说技能向读写技能过渡

在听、说、读、写等语言技能的培养上，应该首先侧重听、说能力的培养，逐渐过渡到读、写技能的培养。通过英语课堂中的听、说教育，学生可以学到正确的语音，掌握基本的词汇和基本的句子结构，从而为读、写能力的培养奠定基础。因此，在英语学习的初级阶段，特别是在学习英语的起始阶段，教师应加强听、说的教学，然后再逐步向读、写教学过渡。

3. 各种能力不断强化

英语能力的提高不是一次性完成的，而是一个螺旋式发展的过程，需要进行多次训练。因此，教师应以学生已有的语言知识和已熟悉的语言技能为出发点，传授新知识，培养新技能。

三、综合性

英语教育的综合性原则指的是重视语音、语法、词汇的交互作用，进行综合教学。

1. 整句教学与单项训练相结合

由于英语教育是为了提高学生的语言应用能力，因此在教学中教师最好采用整句教学的方式。学生在学习到语言表达之后就能直接运用，有利于学生语感能力的提高。具体来说，整句教学的顺序是先教授简单句子，然后再教授较为复杂的、长的句子，将整句教学和单项训练相结合。

2. 进行综合训练

语言学习是一个完整的整体，需要在教学中进行综合训练，也就是结合听、说、读、写四个部分。在英语教育中，听、说、读、写的培养是教学的主要内容，教师可以训练学生的多种感官，保证四项技能训练的数量、比例、难易程度，从而使学生完成不同的学习任务。

四、交际性

语言是交际的工具，人们只有借助语言才能交流思想、传递信息。美国社会语言学家海姆斯指出，交际是在特定语境中说话者和听话者、作者和读者之间的意义转换。由此便能总结出交际的以下几个特点：①交际有口语和书面语两种形式；②交际只在一定的语境中发生；③交际需要两个以上的人参与；④交际需要两个或多个参与者之间的互动。学习英语的目的在于用英语进行交际，而英语教育的目的是培养学生使用这种交际工具的能力，能够运用所学的语言知识在不同的场合下对不同的对象进行有效得体的交际。因此，在英语教育中必须贯彻交际性原则，使学生能够运用所学英语与人交流。具体来说，英语教师要在英语教育中做到以下几点。

（1）教育过程交际化。教育的过程其实就是教师和学生之间相互输出观点和相互接收信息的过程，而交际性就是双方之间的交流与沟通，这恰恰也是语言教育的最终目的。当教师与学生能够在语言教学的过程中运用语言进行交际，那么语言教育就具备了交际化的特征。遵循交际性教育原则的英语教育过程主要包含以下三个环节：第一，已知英语知识的交际实践；第二，新的英语语言项；第三，新旧英语知识的综合交际实践。在这一教育过程中，教师和学生分别扮演不同的角色。教师主要负责将语言交际活动组织起来，将已经向学生传授过的英语知识和将要向学生传授的英语知识融入交际训练当中。而学生则是语言交际活动的主要参与者，在教师组织的交际活动中，学生运用自己具备的语言知识开展交际活动。

（2）教育内容语境化。语境对于人们理解一篇文章、一句话乃至一个词的意思都有重要的意义，因为语境赋予了这些语言单位的含义，当这些语言单位脱离了语境，也就不具备意义甚至丧失了交际功能。开展英语教育的前提是实现教育内容的语境化，如果英语教学脱离了语境，就不会得到较好的教育效果，学生也无法从英语教育中获得有用的交际知识。举例来说，英语教师在向学生进行词汇教学时，教师只向学生讲授单词的读音以及单词的语义，那么学生就没办法掌握该单词的正确使用方法，也没有办法掌握单词的真实含义。但是，当教师把该单词放置在一定的语境下时，教师的教学就会取得完全不一样的效果。

（3）教育手段现代化。锻炼学生英语能力的最有效方法，就是为学生创设真实的情境，让学生在情境中用英语进行交流。但是在传统的教学中，学生能在模拟情境下开展交际活动的机会很少，因为传统的课堂环境很难给学生创建模拟情景，即便真的创建出来，也要花费很多的时间和精力。因此，教师可以借助多媒体和互联网的优势，把学生带到真实的英语交际场景当中。多媒体教学可以直观地给学生提供声音、图片乃至视频，使学生具有身临其境的感觉，利用多媒体开展英语教学不仅能够调动学生学习英语的兴趣，也能提升学生的英语学习水平。

五、输入优先

英语教育要坚持输入优先原则。所谓输入和输出，是指学生通过听和读接触英语语言材料，获取其中的内容，然后学生通过说和写来进行表达。[①] 语言输入的量越大、质量越好，语言输出的能力就越强。在英语教育中坚持输入优先原则要注意以下几个方面。

（1）注重输入内容和输入形式的多样化。输入形式可以包括声音、图像、文字等。

（2）教师可以通过看、听和读等多种手段，尽可能多地让学生接触英语，多对学生进行语言输入，利用声像材料的展示，找到适合学生英语水平且具有时代特色的读物等，扩大学生的语言接触面，从而增加学生的语言输入，以有利于学生更好地学好英语。

（3）着重强调学生的理解能力，为学生提供的语言材料要切合学生的实际情况，使学生容易理解并具有趣味性。向学生输入的材料要符合学生的现有水平，只要求学生理解，不必刻意要求学生即刻输出。就教育方法而言，这也坚持了先输入、后输出的原则。然而，仅仅依靠语言的输入，学生不可能掌握

---

① 赵丽．互联网背景下高校英语教育的创新发展 ［M］．长春：吉林人民出版社，2020．

并形成综合运用英语的能力，还需要适当的口语和书面语表达来检验和促进语言的输入。

（4）鼓励学生进行模仿。有效的模仿是指模拟生活中的真实情景，注意语言结构所表达的内容。模仿是在优先输入语言的基础上对语言进行的有效练习和输出实践。

六、真实性

学生学习的最终目的是交际，那么其所学的教材内容自然要尽量遵循真实性原则。在遵循真实性原则时应注意以下几个问题。

1. 采用语用真实的教学内容

英语教师的教学内容包含很多种，除了课本教材之外，学生课后使用的练习材料等也属于教学内容。教学材料的真实性越高，学生所学习的语言就会越真实、自然，也就能够更好地将自己学习到的知识与现实联系起来，并应用到现实生活中。因此，英语教师在给学生上课的时候，要提前把给学生上课的课文分析一遍，重点分析课文中语句的语用意义和该语句所适用的语境，以及该语句中所包含的其他内容。然后在这些分析的基础上再编写一定量的例句让学生在课堂中或者是课下进行练习。经过这一系列的课前准备，能够使让教学目标更为明确，学生运用英语的能力得到有效提升。

2. 设计或组织语用真实的课堂教学活动

一个完整的英语课堂教学是由一个一个课堂教学活动组成的，这些课堂教学活动的最终目的都是培养学生的英语应用能力。培养学生的语用能力是英语教学的目标，因此，教师在设计课堂教学活动时，要将这一目标贯穿于课堂教学活动的始终。在开展这些课堂教学活动时，教师要坚持语用真实的原则，在向学生讲解课堂教学内容时也要遵循这一原则，不仅要向学生讲清楚教学内容的真实语义，还要向学生说明这些教学内容的语境及其所蕴含的言外之意。

3. 编排语用真实的教学检测评估方案

教学活动能够取得怎样的结果大多是通过教学检测来获知的。因此，教师要重视教学检测的作用，认真编排语用真实的教学检测评估方案，通过教学检测评估来了解教学过程中存在的问题，以及学生语用能力的高低，根据教学检测结果来完善教学方案，以此来提高教学效率，增强学生对英语的实际应用能力。

七、系统性

这里所说的系统性原则主要是针对教育的整个过程和各个环节而言的。教师既要明白学习不是一蹴而就的，需要循序渐进地进行，又要把握教育的系统性，遵循一定的顺序和系统，引导学生逐渐地和不间断地掌握知识和技能，并保持语言知识与语言技能的平衡。具体来说，系统性原则要求教师做到以下几点。

1. 系统安排教育内容

英语教育内容的安排要有严密的计划和顺序。例如，低年级英语教材教学内容的安排基本上应是圆周式的，教师应该按教科书的安排特点和班级的情况合理组织讲课内容，确定讲课的重点。当出现一个生词时，不要急于把这个生词的所有意义、用法全部教给学生。当教授一项新的语法规则时，不要一次性地向学生教授这条规则的全部知识，要将知识分步教给学生。

2. 系统安排学生的学习

教师要指导学生连贯地学习。学习要循序渐进，经常、持久、连贯地学习，也就是要持之以恒。因此，教师在教育学生时要有恒心，经常带领学生进行复习。此外，教师还要指导学生正确处理好平时学习和考试的关系，指导学生要将学习重点放在平时，坚决反对平时学习不努力，考试临时抱佛脚的做法。此外，教师还要经常关心和指导学生的学习方法，并针对不同学生的特点因材施教。

八、动态

英语教育的动态原则中的"动态"是指不断变化的、可调整的形态。具体来说，英语教育中包含多重因素，但是这些因素并不是固定不变的，这就形成了英语教育的动态原则。教师在教学的过程中要时刻遵循这一原则，关注英语教育中出现变化的各类因素，特别是与学生相关的因素，如学生的学习兴趣、学习能力、学习目的等。由于这些因素会对学生的学习效果产生影响，所以教师要根据这些变化及时调整自己的教学方式和教学内容，尽可能地提升学生的学习效果。也就是说，英语教育的动态原则要求英语教育活动遵循以下要求。

（1）为了提高英语教育质量、教育效率和教育成绩，英语教师要时刻关注英语教学中出现变化的各种因素，特别是学生自身的因素，如学生的学习动力、学习能力、学习兴趣等。

（2）为了提高英语教育质量、教育效率和教育成绩，英语教师应该依据对教育因素的动态内涵的把握，在英语教育中运用不断变化的教育材料、教育过程、教育策略、教育方法及教育技术。

九、灵活性

在英语有效教育中要遵循灵活性的原则，具体而言就是要在教育方法、学生学习和语言使用方面做到灵活多样，富有情趣。

1. 教育的方法要有灵活性

一方面，英语教育包括语言知识和语言技能两个方面，语言知识包括语音、词汇、语法等内容，语言技能则包括听、说、读、写四个方面，不同的内容具有不同的特点；另一方面，学习者的个体差异是千差万别的。因此，在英语教育过程中要结合教育内容、综合学生以及教师自身的特点，创造性地开展多种多样的教育活动，充分体现教育方法的多样性和创新性，使英语课堂新鲜有趣，从而激发学生学习英语的热情，培养学习兴趣，挖掘学习潜能。

2. 学生的学习要有灵活性

学生学习的灵活性在很大程度上取决于教育方法的灵活性。教师应该帮助学生改变效率低下的学习方式，寻找更符合学生学习规律和学习习惯的学习方式，提高学生的学习兴趣，让学生养成自主学习的习惯。

3. 语言的使用要有灵活性

学习语言的最终目的是交流沟通。在课堂教育中，教师应尽可能多地使用英语组织教学，如用英语讲解、用英语提问、用英语布置作业等，使学生感到他们所学的英语是"活"的语言。教师还可以通过具有灵活性的作业使学生灵活地使用英语，作业的布置应侧重实践能力，如可以让学生录制口头作业，让学生用英语陈述、评议时事、新闻等。

十、发展性

所谓发展性原则，是指确保所有学生的智力因素与非智力因素都得到应有的发展。这不仅是教育工作的初始阶段，也是教育工作的结束阶段，是对教育效果进行评价的一项重要标准。高校英语教育不仅是学生认知、技能、情感交互的过程，也是整个生命体的活动过程。因此，学生的发展可以视为一个生命体的成长过程，并且这一过程具有和谐性、多样性以及统一性。要实现这一目标，需要做到如下三点。

第一，教师要对每位学生的成长予以关注，确保所有学生都能够得到发展。

第二，教师要充分挖掘课堂存在的智力和非智力资源，并且将其合理、有机地用于教育，使之成为促进学生发展的有利资源。

第三，教师要为学生设计一些对智慧和意志有挑战性的教学情境，激发他们的探索和实践精神，使教育充满激情和生命气息。

总之，在高校英语教育过程中，教师需要遵循发展性原则，使学生的能力与素养得到切实提高。

十一、开放性

英语教育要遵循开放性的原则，如果将英语教学完全封闭起来，学生应用英语的实际能力就很难得到有效提升。在日常的英语教学活动中，通过英语教学的途径和方法能够发现英语教育具有开放性的特征。例如，在英语教育的过程中，教师通常会设计具有开放性的问题，给学生创造抒发自己意见的机会，锻炼学生的思维能力。再比如，不会只采用一种教育方式，而是会不断对其进行创新，教师在课堂教学中会采用游戏、情境对话等方式开展教学，通过多样化的教学方式既能够调动学生的学习积极性，还能够锻炼学生的英语运用能力。

除以上方式之外，教师还可以开辟第二课堂，也就是邀请相关的专家学者来校做讲座，与同学一起分享英语学习方法，或者是向学生介绍以英语为母语的国家的文化。教师在英语教学中要遵循开放性原则就不能再沿用原有的封闭式教学方式，而是要积极打破传统的教学方式，根据教学内容、学生的学习情况来创建新的、开放式的课堂教学模式。

十二、注重母语的使用

在英语教育中，教师应当提倡学生多说英语、多用英语，但这并不意味着不能使用母语。在英语课堂上可以合理使用母语，利用母语帮助学生理解学习过程中的难点，这对提高英语教育效果是有利的。合理使用母语原则包括在英语教育中利用母语的优势和避免母语的干扰两个方面。

1. 利用母语的优势

教师在英语教育中要学会利用母语的优势，借助汉语对一些词义抽象的单词和复杂的句子加以解释。英语学习是在学生已经熟练掌握母语之后进行的学习实践，学生在英语学习之前对时间、地点以及空间等概念已经形成，已经学会了表达这些概念的语言手段。因此，利用母语的解释可以帮助学生更快、更好地学习和掌握英语的某些概念。适当地使用母语进行教育，有助于学生理解母语和英语之间的差异，了解英语结构和规则的特点，有助于师生之间的顺利沟通，深化对语言差异的理解，从而提高学习效果。

2. 避免母语的干扰

英语的学习是个相当复杂的过程，母语的使用习惯可能会给英语学习带来障碍。在学习英语的过程中适当使用母语是可以的。但对母语的利用一定要掌握一个"度"，避免把母语的使用规则迁移到英语的用法上。如果一味地使用母语，会在很大程度上给英语的学习带来不利。在英语教育里利用和控制使用母语，要注意以下几个方面。

（1）在英语教育中，学生对所学英语词句的理解是相对的。理解包括知道这些语言现象及其隐藏在现象后的本质。在初始阶段，没有必要引导学生过多追求本质，这主要是由于英语的很多用法是习惯问题，很多情况用逻辑推理是不通的。

（2）在英语教育中，教师应控制使用母语，尽量用英语上课。要充分考虑教师运用英语的能力、学生的理解能力和接受效果，教师尽量用英语讲话，可借助图画、实物、表情、手势等直观手段，也可以将关键词写在黑板上，使师生的交际能力在课堂教育中得到有效提高。

总之，英语教育的过程要成为有意识地控制使用母语和有目的地以英语作为语言交际工具和媒介的过程，坚持合理使用母语的原则才能更有效地优化教学效果。

第四节　英语教育的发展趋势

一、英语教育受到全民重视

受全球化发展的影响，英语受到越来越多人的重视，当前越来越多的人开始参与到英语的学习中来。另外，全民学习英语的热潮还给英语学习带来了一个新的现象，那就是英语学习渐趋低龄化，这也在一定程度上增加了英语教师教学的难度，让英语教师不得不进一步提升自己的英语教学水平。

二、英语逐步成为教学工具

英语是国际通用语言,所以受到了大家的重视。教师用英语授课,有利于锻炼学生的听力,也有利于学生获取国际上的最新信息。随着教学改革的逐步深入,英语教学也在不断发生转变,新的英语教学模式和新的英语教学内容也在不断出现,这也进一步推动了英语教学的深入发展。另外,英语教学对实用性越来越重视,这也使得学生对英语的实际应用能力的水平不断提升。

三、英语教育的职业性发展

高校的英语教学要以社会发展的需求为导向,培养社会需要的高素质人才,因此,学校可以和企业进行合作,形成工学结合的育人模式。以工作过程为基础设计课程结构,该课程既能够向学生传授课程专业知识,还能够培养学生在工作中所需要的能力。高等教育是面向社会培养人才,因此高等教育要突出英语的职业特色。英语的职业特色可以从英语的课程设置、英语的教学内容、英语的课程组织等多个方面来体现。

四、英语教育的多元化

如今,多元化已经成为发展的关键词,很多事物开始向多元化的方向发展,英语教育也不例外。英语教育的多元化主要表现在三个方面:第一,英语教育理念的多元化;第二,英语教育材料的多元化;第三,英语教育模式的多元化。

1. 英语教育材料多元化

以往,受教育政策的影响,学校只能使用国家统一规定的教材。但是现在,受教育改革的影响,教育政策发生了变化,学校可以根据自身教学特色以及学生的需求自行选择教材和教辅资料。随着教育的深入发展,市场上丰富多样的教辅材料也给人们提供了多样化的选择,而且受信息化发展的影响,还出现了很多电子文本的教学材料。除了教学材料向多元化的方向发展,教学内容也开始向多元化的方向发展。英语教育材料的多元化发展说明社会发展需要的多样化,也说明了我国的英语教育迈向了新的台阶。

2. 英语教育需求的多元化

开展英语教育的主要目标是培养社会需要的人才。伴随着经济全球化的深入发展,社会给英语教育提出了更多新的要求。例如,除了要求英语专业的人才具备基本的英语专业知识以外,还要求他们具备法律、金融、旅游等专业的知识。

五、英语教育市场化与社会化的协调发展

所谓的英语教育市场化就是指为了更好地发展市场经济，英语教育的目标是为经济发展服务。改革开放之后，我国开始实行市场经济政策。在市场经济的影响下，需要英语人才的岗位越来越多，社会对英语教育也提出了多样化的要求，这也催生出了一股学习英语的热潮。高等院校还将英语教学进行细化，开设了一些专业英语课程，我国的英语教育进入了全面发展的时期。

英语教育社会化主要表现在两个方面：第一，英语教育教学主体的社会化；第二，英语教学资源的社会化。教学主体的社会化体现在突破公立学校教育范围的英语学习：相当一部分的民办大中专学校、社会办学力量、各种教育培训机构等都举办英语教育补习班或根据不同层次社会人士的需求开设专业英语课程，互补长短。总的来说，我国英语教学体系的规模越来越壮大，英语教育也逐步在向市场化和社会化的方向发展。在经济全球化的背景下，市场经济要想取得良好的发展，就需要社会化的英语教育活动。随着市场经济的深入发展，我国英语教育的市场化与社会化越来越协调。

六、英语教育的整体化发展

所谓语言的整体性是指语言是由多重要素构成的有机整体，具体包括词语、句子、语言规则等，这些要素为语言赋予了一定的功能和内涵。因此，教师在对学生开展英语教学时，要注意引导学生发现语言的整体性，然后再逐步深入理解英语教育的内容。目前，教师开始将英语教学的重点转向提升学生应用英语的实际能力，因此，整体化教育将会在越来越多的英语课堂中出现。

七、英语教育的国际化发展

由于文化交流的不断深入，英语教育也在顺应时代的潮流，逐渐走向国际化。在英语教育中，立足于国际化视野，借助于丰富直观、开放共享的多媒体和网络信息技术，结合英语课堂教学形式，生动地呈现出英语教育内容，拓宽了学生的英语学习视野，增强了语言应用感知能力，更好地提升学生的英语理解能力。同时，在国际化、全球化的语境之下，融合英语文化教育，将语言与文化充分融合，更好地满足国际化英语人才的需求，引领英语教育向国际化趋势迈进和发展。

第二章　英语教育基础理论

英语虽然是一门语言学科，但是它和其他学科一样也具备自身的教学规律和教学特点。现如今，时代的发展出现了新的变化，给英语教学提出了新的要求，因此，英语教学也应该顺应时代发展的要求，积极进行教学理念和教学方式的创新。本章主要从语言学、心理学、语言学习理论三个方面对英语教学基础理论进行系统论述。

第一节　语言学

一、认知语言学理论

（一）概念隐喻理论

认知语言学的一个基本观点是，隐喻普遍存在于我们的概念系统。因而，认知语言学的隐喻理论也被称为概念隐喻理论。

概念隐喻理论是由美国语言学家莱考夫（Lakoff）和英国哲学家马克·约翰逊（Mark Johnson）于 1980 年在其著作《我们赖以生存的隐喻》一文中提出的。在他们看来，隐喻普遍存在于人类的日常生活当中，不仅仅在语言上，而且存在于人类的思维和行为中。人们赖以思考和行为的概念系统从本质上来讲是隐喻性的。隐喻不仅仅是语言层面上的一种修辞手段，更是人类理解和认识事物并最终建构其概念系统的一种重要认知手段。隐喻是指通过一种熟悉的、具体的事物理解和体验另一种未知的、抽象的事物的方式，即通过从始源域到目标域的跨域映射工作机制使两个概念域之间建立关联，从而达到认知的目的。因此，隐喻对人类的认知活动具有深刻的影响，是人类概念系统中必不可少的一部分。

　　莱考夫和约翰逊将概念隐喻大体上分为三大类：结构隐喻、方位隐喻和本体隐喻。结构隐喻是指通过始源域中清晰又界定分明的结构去系统地构建结构模糊和界定不分明的目标域，从而借助两个概念域的结构对应关系来理解未知的和抽象的目标域。方位隐喻是指利用诸如上下、前后和深浅等表达方位的空间概念来组建另一抽象概念系统的一系列隐喻性概念。本体隐喻包括实体和物质隐喻以及容器隐喻，它是指运用具体有形的物体和物质来认识和理解人类模糊而又抽象的思想、感情、心理活动或事件状态等无形的概念。因此，通过非任意的跨域映射，概念隐喻可以使人们根据已有的日常经验和知识去理解和认知一些不熟悉、难以理解的抽象概念，对人类概念结构以及思维推理的形成具有十分重要的意义，它是人类知识体系中的重要组成部分。

　　隐喻既是思维方式也是思维手段，因此在英语教学中运用隐喻不仅能促进学生对所学内容的理解，也能够帮助学生记忆所学的内容。结合概念隐喻教学理论进行英语教学，可以提升学生对隐喻的理解，提升学生英语阅读能力，进而提升英语应用水平。

（二）意象图式理论

　　根据认知语言学，意象图式是人在与客观世界的互动体验中获得的。

　　首先，意象就是将主观因素同客观因素融合在一起，然后再对客观现实的内容进行改造，但是又能够看出无意、有意和刻意的因素。在意识或潜意识活动中，人也使用意象符号构建心理现实。

　　其次，图式指的是人把经验和信息加工组织成可以较长存在于记忆中的认知结构。英国心理学家巴莱特（Bartlett）研究出人的记忆能够把各种信息和经验组成认知结构，新的经验可以通过对比而被理解。

　　意象图式是人对客观世界体验后得到的常规性的、长期储存于记忆里的认知样式，具有非命题性、意象性、抽象性、无意识性。基本的意象图式延伸的一条路线是意象图式形成原型范畴，再进入概念、意义；另一条路线是意象图式形成认知模型并组合成理想认知模型或框架等来解释语义和句法构造，同时也可变成原型范畴，进入概念、意义。

　　在意象图式基础上，范畴化而建立的范畴及概念化而建立的概念与意义基本同时形成，均借助的认知策略有体验、范畴化、概念化、认知模型、识解、激活和关联。而表象—意义—语义的认知环节却是将源于意象图式的意义以语言符号形式固定下来，形成词语。所以，始于体验的意象图式，基于范畴、概念和意义的词语得以解读，有助于认识客观和主观世界。

在英语教学中，教师可以刻意将意象图式理论中有关意象图式在词汇、语义范畴对应的范畴、概念、意义形成过程及功用向学生逐一加以介绍，从认知角度对词汇语义链的形成现象做较全面、深刻的讲解，教会学生寻找词汇的原型意象图式或意义，引进隐喻、换喻和认知模型等认知方式，使学生来分析词汇如何从原型英语词义一步步引申为多种语义义项和关系。培养学生在记忆多义词时要基本理解各个义项的大体引申关系，至少从具体到抽象和从抽象反推具体义项的能力。从空间动觉意象图式联系其他动觉意象图式模型，寻找相似点和不同点来建立或理解多义词的不同层面的同义词和反义词。

二、社会语言学理论

社会语言学诞生于 20 世纪中叶的美国，由于它所涉及的学科数量较多，如社会学、心理学、语言学等，所以是一门跨领域的学科，它所研究的内容主要是社会与语言之间的共变现象。人们对语言的运用并不是随机的，而是长期受到社会行为规范和社会结构的影响。例如，人们在上小学的时候会简单地学习一些英语单词、语法等内容，但由于这些内容的学习完全是在校园环境中完成的，几乎不受社会语言背景的影响，因此在进入实际情境运用英语进行交流时，就会出现很多误解或者是语言适用不恰当的情况。要想真正掌握一门语言，单纯地学习语言知识是没有办法实现的，还需要学习与该语言相关的文化、价值观、思维方式等内容。

英语教学中涉及的社会语言学相关理论有很多，最典型的有海姆斯（Dell Hymes）的交际能力理论以及卡内尔和斯温（Canale & Swain）的交际能力学说。

（一）海姆斯的交际能力理论

海姆斯提出的交际能力包括四个方面：语法的正确性、语言的可行性、语言的得体性和语言的现实性。海姆斯提出的交际能力理论，在学术界引起了不小的波动，很多教育学家和语言学家针对这一理论展开了激烈的讨论，并根据这一理论提出了新的理论，例如，新的教学方法——交际法。而卡内尔和斯温又对交际能力进行了重新概括，并将交际能力进行了重新划分。

（1）语法能力。主要指的是所具备的表达能力和对话语意思的理解能力，具体包括对语法、词汇等这些要素的理解和表达能力。

（2）社交语言能力。主要指在交际过程中，对交际中的各类角色，以及最终的交际目标的了解程度。

（3）语篇能力。主要指对构成语篇的各类语句的衔接能力和将意义通过语篇呈现出来的能力。

（4）策略能力。具体包括在交际的过程中所使用的各种手段以及策略，能够借助已经学过的英语知识在社交情境中进行有效社交。

（二）卡内尔和斯温的交际能力学说

卡内尔和斯温对海姆斯的理论进一步丰富和发展，论述了交际能力的组成。按照他们的分析，交际能力包括以下四个方面的能力：语法能力、社会语言能力、篇章能力和策略能力。

（1）语法能力。卡内尔和斯温的语法能力就是乔姆斯基所谓的"语言能力"或海姆斯所指的"形式上的可能性"。

（2）社会语言能力。说话人在不同的环境中是以不同的社交身份出现的，社会语言能力是一个人在一定的社会情景下得体使用语言的能力，即在不同的社会环境中，懂得或使用不同的言语来达到不同目的的能力。因此，环境不同，身份不同，使用的言语也不同。此外，使用言语功能的能力也是社会语言能力的内容，言语功能主要包括工具功能、指称功能、个人功能、保持接触功能、想象功能、语境功能、元语言功能等。

（3）篇章能力。篇章能力其实就是指在一定篇章范围内，对句子的理解能力以及将句子的意义组成一个完整篇章的能力。

（4）策略能力。策略能力指的是在交际的过程中所适用的各种手段。换句话说，就是在交际中能够与交际对象顺利完成沟通的能力。

交际能力经过卡内尔和斯温的概括后，更加适用于英语教学，因为卡内尔和斯温将交际能力概括得更加具有方向性。英语专业的课程就是以交际能力为基础进行设计的。例如，精读课、语法课、听力课等都是为了让学生先积累一定的英语基础知识，然后再慢慢培养学生的语法能力，最后达到让学生对语篇具有分析能力的目的。另外，还有口语课、翻译课等课程的设置，也是为了锻炼学生的语言能力和运用策略的能力。

三、符号学语言理论

索绪尔（Saussure）的符号学语言理论引起了人们对语言本质的兴趣，澄清了语言研究的主题，极大地促进了现代语言学的发展。

索绪尔符号学语言理论的起源之一是历史比较语言学。历史比较语言学对索绪尔语言理论的影响是非常显著的。索绪尔从几个方面对历史比较语言学进行了反思和批判：首先，历史比较语言学的研究积累了大量的资料，但由于这些资料不是科学抽象的，索绪尔考虑了历史比较语言学的理论概念、语言学概述及其基本问题。其次，在研究语言历史变迁的过程中，语言的功能被忽视了，索绪尔把语言作为一个社会事实和相关系统来研究。最后，历史比较语言学的目标是重新确定语言研究的范围以及具体语言和语言亲缘关系。因此，索绪尔的语言理论深受历史比较语言理论和方法的影响。

（一）符号的意指性

意指性是语言的重要特征，也是包括语言在内的所有符号系统共有的基本特征。意指关系通常包括两个彼此联系的项：意指之物与被意指之物。用索绪尔的话来说，前面的叫作"能指"，后面的叫作"所指"。因此，能指和所指这一对词汇最先由索绪尔提出，后来意义不断被延伸和应用成为其理论中的重要内容。索绪尔将语言的符号视为概念和声像的组合，通过人类的感觉将概念与外部世界联系起来，建立了语言的符号、能指和所指三个术语之间的关系。能指和所指不可分割的双重性可以作为索绪尔语言理论的基础。

索绪尔的语言符号理论将语言看作是一个独立的系统，语言符号在系统中，与外界事物有联系，却不等同。能指与所指这对概念在现代符号学理论中具有强大的生命力，这对概念是索绪尔的哲学理论贡献，也是现代符号学的基石。

（二）符号的任意性

索绪尔语言理论的第一原则是关于符号的本质，语言符号是可选的。

在索绪尔看来，能指是属于听觉上的，只能按照时间的顺序展开，具体表现为它以线的向度呈现，是长度上的指标。索绪尔语言理论的第二条原则即语言符号能指具有线条性，这是一个非常突出和重要的特征。另外，这类资源的交集与语言机制的组合是相互关联的。换句话说，语言单元的内部组件之间的交叉链接关系以线性显示。社会心理学对索绪尔的象征思想有一定的影响。

索绪尔将语言视为一个纯粹价值的系统，换句话说，语言系统是封闭的，遵循同步规则。语言系统中每个元素的意义不是由外部因素决定的，而是由元素之间的关系决定的。一种语言的所有要素总是处于一种关系和体系中。所以在这个价值体系中，语言符号的能力和指法表现出一种等价关系。

根据索绪尔的符号学语言理论，笔者关于英语教学得到了如下启示。首先，学校要建立一个良好的语言交流环境，让学生能够借助多媒体和网络自主学习英语。其次，在英语专业课程中的课程设置过于单一，主要强调的是语言知识类的教学，对于有实际意义的实用教学却忽视处理。最后，英语专业的教师普遍教学任务繁重，会急于自身知识能力结构的提升与升级。

第二节 心理学

一、学习动机理论

（一）强化理论

学习动机理论中的强化理论最先是由行为主义学习理论家提出来的，在行为主义学习理论家的观点中，强化理论不仅能够解释学习行为的发生，还能够用来解释其动机产生的原因。在他们看来，人们所表现出来的学习行为是由之前的学习行为和刺激因强化建立起来的关系所决定的，而且，只要这种强化被不断地加强，那么这种关系也会因此被加强。因此，从这一观点我们能够发现，所有的学习行为并不是凭空产生的，都是有目的性的。所以，为了促进学生的学习，教师在给学生上课的过程中可以设置一些外部手段，如奖赏、评分等，这些都能够引起学生的学习行为。

一般来说，强化起着增进学习动机的作用，如适当的表扬与奖励、获得优秀成绩、取消频繁的考试等便是强化的手段①。通常来说，惩罚会让学生的学习动机被削弱，但是也存在例外，也有可能会让学生因为受到惩罚而重新获得学习的动力。因此，教师要合理发挥强化的作用，尽可能减少惩罚的出现，这样才有利于规范学生的学习行为，提高学生的学习成绩。

---

① 刘冬梅. 教育心理学 [M]. 保定：河北大学出版社，2014.

通过分析强化动机理论的主要倾向，能够发现它属于行为派的学习动机理论。行为派的强化理论最大的特点就是十分关注能够对学习行为产生影响的外部力量，忽视了人的主观力量，而这一特点也恰恰成了学习动机理论的最大局限性。

（二）需求层次理论

美国人本主义心理学家马斯洛（Maslow）提出了需求层次理论。任何人的行为动机都是在需求发生的基础上被激发起来的，而人具有七种基本需求，即生理需求、安全需求、归属和爱的需求、尊重的需求、认知的需求、审美的需求和自我实现的需求，这些需求从低级到高级排成一个层级，较低级的需求至少达到部分满足之后才能出现对较高级需求的追求。

（1）生理需求。人对食物、空气、水、性和休息的需求，是人最基本的需求，也是其他一切需求产生的基础。

（2）安全需求。人对生命财产的安全、秩序、稳定，以及免除恐惧和焦虑的需求。

（3）归属和爱的需求。人要求与他人建立情感联系，参加一个团体并在其中获得某种地位的需求。它是更高一级的需要，包括被人爱与热爱他人、保持友谊、被团体接纳等。

（4）尊重的需求。包括自尊和受他人尊重的需求。

（5）认知的需求。又称认知与理解的需求，是指个体对自身和周围世界的探索、理解及解决疑难问题的需求。

（6）审美的需求。对对称、秩序、完整结构以及行为完美的需求。

（7）自我实现的需求。人追求最大限度发挥自己的能力和潜能，并不断激发自己的能力和潜能的需求。这种需求的最终目的是让自己成为自己心目中所期待成为的人，并且完成自己能力范围内的事情。

马斯洛需求层次理论中所包含的这几个方面的需求，其中前四个需求被其定义为缺失需求，这些需求都是人们生活在这个社会中必备的基本需求，它们对人的生理和心理能够产生决定性的影响，因此必须要满足这几个需求。而后面的三种需求是人在成长过程中的需求，是成长需求，它虽然不会对人的生存产生很大的影响，但是却能够对人在社会上的发展产生影响。

（三）成就动机理论

成就动机理论最初由麦克利兰和阿特金森（Mc Clelland & Atkinson）提出，后来由阿特金森加以发展。当一个人有成就需要时，他就会随之产生成就动机，因此，成就动机是一种内在驱动力，它能够让个体积极投身到自己认为有价值的工作中去。

个体在追求成就的过程中会产生两种倾向：第一种倾向是努力获取成功以及在成功之后所获得的积极向上的情感，也就是追求成功的动机；第二种倾向是将失败出现的可能性降到最低，也就是防止失败发生的动机。这两个动机在个人的动机系统中存在很大的差距，因此，根据它们的差距又可以将个体划分为力求成功者和避免失败者两种类别。力求成功者的目标十分明确，就是获得最大的成功，所以他们所选择的任务多是能够给他们带来成就的任务，因为完成这种任务需要面对一定的挑战，而这些挑战恰恰能让他们的自尊心获得一定程度上的满足。如果他们选择的任务的成功概率很低或者成功率很高时，他们的动机水平反而会被降低。然而，避免失败者的行为则完全相反，他们会选择成功率极高或者是失败率极高的任务，因为成功率高的任务能够让他们轻易获得成功，而失败率极高的任务则会让他们为自己的失败找到合适的借口，降低自身的挫败感。

（四）成败归因理论

带来成功和失败的原因有很多，不同的原因会给人们带来不同的影响，从而导致人们的行为发生变化。

韦纳（Weiner）是美国著名心理学家，他通过研究发现，人们在对成败进行归因的时候，其行为大致受六个因素的影响，即个人自身能力的高低、个人在完成任务的过程中的努力程度、任务自身的难度、个人的运气、个人的身心状态以及外界的环境。韦纳除了归纳出这六个因素之外，还将这六个因素进行了划分，即内部归因和外部归因、可控制归因和不可控归因以及稳定性归因和非稳定性归因。

成败归因理论对行为动机的解释是以结果为依据的，因此归因理论的作用可以概括为以下三点：第一，当心理活动发生变化时，有利于分析其原因；第二，可以根据个体的行为以及个体的行为结果来了解个体的内心活动；第三，可以根据个体的行为以及结果对个体在将来的某种环境下所做出的行为进行预测。教师在教学的过程中，可以充分发挥归因理论的作用，来分析学生的学习动机，规范学生的学习行为，提高学生的学习水平。

（五）自我效能感理论

自我效能感理论是由班杜拉（Bandura）最早提出的。班杜拉发现，人的行为主要受两方面因素的影响，即行为的结果因素和行为的先行因素。所谓行为的结果因素就是上文提到的强化。学生在学习的过程获取有用的信息以及形成新的行为并不完全依赖强化的作用，因为没有强化这些行为也可以发生，而强化在学生学习行为中的主要作用是激发学生的学习行为并让学生的学习行为持续进行下去。所以，当个体做出某些行为的时候，并不是因为强化的作用，而是因为人们意识到行为和强化之间存在依赖的关系，因此对下一个强化产生了期待的心理。行为的先行因素指的就是期待，期待包含两个方面，即结果期待和效能期待。所谓结果期待就是个体在做出某一行为之后，对该行为的最终结果所做出的推测。行为被激活的前提就是个体预测该行为会产生相应的结果。例如，当学生发现自己只要在课下认真做练习题，就能够提高学习成绩时，那么他就会在课下认真完成习题练习。效能期待则指个体对自己能否实施某种行为的能力判断，它意味着个体是否确信自己能够成功地进行带来某一结果的行为[①]。当个体发现自己的能力完全可以完成某一项任务时，那么个体就会产生自我效能感，因此他就会非常积极地去完成这项任务。例如，学生在认识到自己认真完成作业会提高成绩的同时还发现自己有能力完成习题练习，才会在课下认真完成习题练习。

自我效能感的功能：第一，能够决定人们选择参与某种活动，并且对这一活动坚持的时间有直接的影响；第二，能够决定人们在面对困难时所采取的态度；第三，会给人们在活动时的情绪带来直接的影响。

影响自我效能感的因素主要有四个：第一，直接经验。学习者自己的生活经验会对效能感产生直接的影响。当学习者获得成功的经验时，学习者的自我效能感会得到提升，否则会产生相反的影响。第二，替代经验。替代经验不是学习者自身的经验而是学习者通过观察他人所获得的间接经验，这同样会对效能感产生影响。第三，言语说服。这一因素不是依靠经验，而是以口头说服的形式来改变个体的自我效能感。第四，情绪唤起。情绪和生理状态也会影响自我效能的形成。

二、元认知理论

元认知一词是由美国儿童心理学家弗拉维尔（Flavell）于 1979 年首先提

---

① 刘冬梅. 教育心理学［M］. 保定：河北大学出版社，2014.

出的。40 多年来，国内外研究者对元认知进行了理论发展和实践研究，取得了丰富的成果，并使其逐渐成为心理学、教育学、教育心理学，尤其是语言教学及外语学习领域内的研究热点之一。

元认知即指认知主体对自身认知活动的认知，主要包括两个方面：第一，建立在认知过程和认知结果基础上的知识；第二，能够对认知过程产生调节作用的认知活动。换句话说，元认知就是个体对自身已有的认知的再次认知。元认知对个体的认知过程有监控作用，能够及时调整个体的认知活动。元认知主要由三个方面组成：第一，元认知知识；第二，元认知体验；第三，元认知监控。

（一）元认知知识

元认知知识是指个体对于影响认知过程和认知结果的各种因素的认识[1]。元认知知识包括以下三个方面的内容：第一，认知主体所具备的知识，即个体和他人在具有认知主体身份时所具备的知识储备。第二，认知任务的知识，即个体对认知活动任务的了解，如活动任务的要求、活动任务的难度、活动任务的表现方式等。第三，认知策略的知识，即个体完成认知任务时所应具备的知识。

（二）元认知体验

所谓元认知体验，就是个体在进行认知活动的过程中所产生的相应的情感体验和认知体验。元认知体验发生的时间并不固定，可以发生在任何一个时间，而且它的性质也不确定，可以是正面的也可以是负面的。元认知体验的表现在不同时期是不一样的，在学习初期，个体会提前预测自己学习结果的成败；在学习中期，个体会根据学习内容的难易程度产生不一样的认识，对自己的掌握程度也有了新的认识；在学习后期，个体则会根据学习的结果产生不一样的感情，例如成功会带来喜悦，失败会带来困惑。一般来说，个体的思维水平越高，越容易产生元认知体验。

（三）元认知监控

元认知监控就是认知主体在进行认知活动的全过程中，依据元认知知识和元认知体验对认知活动进行的积极监控和调节，包括对目前认知任务的认识、认知计划的制订、计划执行的监视以及对认知过程的调整和修改。元认知的监控策略包含以下三个：第一，计划策略，主要包括在学习和认知活动还没有开

---

[1] 梁宁建. 当代认知心理学 [M]. 上海：上海教育出版社，2014.

始时设置的目标和对学习活动的规划。第二，监控策略，主要是对学习过程进行监控，看其是否按照学习计划进行。第三，调节策略，主要是帮助学生发现学习过程中的不足，然后对学生的学习策略进行调整。

元认知能够协调学习者在思维层面的发展，在其不断发展的过程中，也体现了学习者自身水平以及思维能力的整体化发展。我们都知道，英语的学习重在对于英语知识的认知、理解以及再加工。在学习英语的过程中，学生元认知能力如何，将对于其英语学习效果有着直接的影响。也就是说，如果学生元认知能力比较优秀，那么，便可以在英语方面有着更强的自主学习能力，英语学习效果也会比较好。而如果学生元认知能力不足，则很可能缺少良好的自我学习、自我规划以及自我控制能力，进而无法很好地完成学习任务和目标。与此同时，从元认知的本质内涵角度来看，它强调的是学生对于自身的一种认知，要求学生要充分掌握良好的学习思路、技巧与工具，转变被动式的学习态度，养成主动式、自主式的学习习惯，通过自己的思考和探索找到一条适合自己的学习之路。而且，它要求学生在英语学习中，要结合自己的具体目标等进行学习方法和策略的调整，实现高效化的英语学习，摒弃以往被动式的学习习惯，使他们能够逐步在摸索与实践过程中，提升英语综合能力。

三、人本主义心理学理论

人本主义心理学理论是在美国产生的，对人本主义心理学影响较大的代表人物是罗杰斯（Rogers）。在他看来，教育能够为学习者提供一个心理环境，这个环境充满人情味，学习者在这个环境中得到辅导并将其固有潜能充分地发挥出来。

（一）学习类型论

罗杰斯将学习分为两类，即无意义学习和有意义学习。

（1）无意义学习。根据罗杰斯的观点，无意义学习与心智之间存在紧密的联系，与个人的情感以及个人意义之间基本没有任何的关系。从学生的角度来说，记住这些没有任何意义的音节是十分困难的，因为这些音节十分枯燥乏味，无法引起学生的兴趣，即便学生记住了也会在很短的时间里将其忘记。

（2）有意义学习。有意义学习不仅能够让学习者的知识得到增长，还能够让学习者将每个人的学习经验都融合在一起，有意义学习不仅会影响学习者的态度，还会影响学习者的行动选择。例如，一个六岁的小朋友从一个国家搬到另一个国家居住，如果不对其进行专门的语言培训，只让其和当地的小朋友一起玩耍，那么他会在较短的时间内学会当地的语言。究其原因，他学习语言的方式是有很大意义的，所以掌握语言的速度非常快。然而，如果专门给他请语言教师对其进行语言教学，那么他的学习速度会相对较慢，因为他在学习过程所使用的教材和资料对教师来说是有意义的，但是对学生来说是无意义的。有意义学习可以将多方面的因素结合在一起。

有意义学习的要素可以概括为以下四个方面。

第一，学习具有个人参与的性质，当个体进行学习时，不仅会投入自身的认知，还会投入自身的情感。

第二，学习是自我发起的，学习不是被动的，学生是基于自身的愿望才愿意开展学习活动的。

第三，学习是渗透性的，它会在潜移默化中对学生的行为、态度等多方面的因素产生影响。

第四，学习是由学生自我评价的，只有学生自己才更清楚自己的学习目的以及对学习内容的掌握情况，因此要让学生对自己的学习过程和结果进行评价，只有这样学生才能根据评价结果对自己的学习行为进行有效调整。

（二）学习实质论

人本主义心理学指出学习的实质是形成与获得经验，学习的过程就是经验的形成与获得的过程。在人本主义心理学的基础上，人本主义学习理论从以下四个方面来解释学习的实质。

（1）学习即"形成"。在人本主义学习理论中，掌握学习方法是关键，在学习的过程中获得相应的知识和经验是重点。在现实的学习实践中，学生获得的经验和知识有很多是通过实践获得的，而非通过知识的学习获得。学生参加学习实践活动，然后在实践活动中激发自己的潜能，进行自我评价，最终不仅能够获得知识，还能够获得学习方法和学习经验。因此，掌握正确的学习方法才是学习的关键。

（2）学习即理解。个人的学习不是机械的刺激和反应之间的连接的总和，而是一个心理过程，是个人对知觉的解释。[①] 如果两个人拥有不同的经验，那么他们在面对相同的事物时会出现不一样的反应，这主要是因为，他们对知觉持不一样的见解，所以他们每个人眼中都有不一样的世界，因此产生的反应也是不一样的。当教师想要知晓学生学习的全过程时，不能只关注对学生产生影响的外界因素，还要关注学生对这些外界因素的解释。

---

① 左银舫. 教育心理学 [M]. 武汉：华中科技大学出版社，2015.

（3）学习即潜能的发挥。人类的学习行为是自发性的，人类会根据自己的目的选择合适的学习方式开展学习活动。在人本主义的学习观中，学生的学习行为是有目的性的，学生能够自主选择自己的学习行为，而且学生还会对自己的行为进行重新塑造，在这一系列的活动中，学生会获得相应的满足感。因此，教师的教学任务就是为激发学生的学习潜能创设一个学习情境。在教学活动中，学生处于中心地位，而教师在教学活动中的主要任务就是根据学生的需求，帮助学生对自我以及环境的变化有更深层次的认识。另外，要保证学习的愉悦性，教师在教学的过程中要注意自己的教学方式和方法，不能强迫学生学习，尽可能减少对学生的惩罚，以免让学生对学习产生厌恶的心理。

（4）学习对学生是有价值的。教师在教学的过程中向学生传授的内容应该是对学生有意义的。从罗杰斯的观点能够发现，只有学生认识到所学内容的意义，学习才能更加有效。一般来说，学生对所学的内容充满兴趣，并认为自己所学的内容是有意义时，学生的学习过程就会充满乐趣；相反，如果学生不认可自己所学的内容，并且认为自己所学的内容价值不大，那么学生在学习的时候会非常痛苦，学到的内容也会在短时间内被遗忘。因此，教师按照人本主义学习观进行教学时，要了解学生学习的兴趣和学习的需要，然后根据学生的学习需求和兴趣来设置课堂活动。在课堂中，教师还要充分尊重学生，给予学生一定的自主权。

第三节　语言学习理论

一、行为主义学习理论

（一）桑代克的试误学习理论

学习理论和尝试错误的学习途径是由桑代克（Thorndike）提出来的，这两个理论是联结学说的重要组成部分。18 世纪，有经验主义哲学家对记忆、直觉、推理等心理活动按照联想以及观念的先后顺序对他们做了系统的阐释。19 世纪后期，人们借助实验证明了联结可以在刺激—反应、反应—刺激这两者之间实现巩固。其中，桑代克的试误学习理论对外语学习产生了很大影响。他通过一系列动物试验，如利用迷路圈、迷箱和迷笼等工具进行试验，提出了试误学习理论。

在桑代克看来，人是在动物的基础上进化来的，人与动物的最大差异是他们在心理上的复杂程度，动物的心理较为简单，而人由于要学习的事物比较多，需要联结各种想法，还要对事情进行分析和推理，所以人的心理比较复杂。

（二）巴甫洛夫的条件反射理论

巴甫洛夫（Pavlov）以试验为基础，卓有成效地论证了刺激—反应可以加固联结，产生了第二种联结学说——条件反射学习理论。巴甫洛夫的高级神经活动学说系统说明了大脑的结构以及大脑的功能、大脑皮质的兴奋和抑制、第一信号系统和第二信号系统、高级神经活动类型及与内脏的相互关系等。

（三）斯金纳的操作性条件反射学习理论

美国现代行为主义心理学派的代表人物斯金纳（Skynner）的操作性条件反射学习理论是第三种联结学说。他提倡人们用"刺激—反应"这一公式去说明那些能够表现人们心理想象的各种行为。斯金纳研究的重点是鸽子和老鼠的操作性条件反射行为，并根据自己的这一研究提出了"及时强化"的概念，还总结出了强化的时间规律。斯金纳的学习理论之所以被称为操作性条件反射学习理论，主要是因为他提倡的学习行为是先完成反应性的操作行为，然后再进行刺激性的强化。

通过斯金纳的条件反射学习理论我们能够发现，所有的教学活动实际上都是在纠正学生的不良行为。在整个教学活动中，学生行为的发生具有不确定性，可能是教师期待发生的行为也可能不是教师期待发生的行为，但是两者都可以用奖罚作为"杠杆"，予以改变。

无论是桑代克的试误学习理论，还是巴甫洛夫的条件反射理论和斯金纳的操作性条件反射学习理论，行为主义教学模式强调的是学习需要在一定的条件下才能完成，学习本身就属于一种行为。将这种学习观应用到英语学习中，就会表现为以下几个方面：第一，逐步深入的小步调输入，即将教学内容由笼统变得具体化；第二，十分快速的反应问答，即增加提问的频率，培养学生积极思考的习惯；第三，及时反馈学习内容并对其加以强化，根据自身的学习情况制订适合自己的学习计划，即让学生按照自己的学习能力和学习需求来选择想要学习的内容。这一学习模式给学生提供了充足的练习机会，让他们能够及时巩固在课堂上学到的内容。

二、认知主义学习理论

认知主义理论中有较大影响的是格式塔学习理论、布鲁纳（Bruner）的发现式学习理论和乔姆斯基（Chomsky）的语言学习理论。

（一）格式塔学习理论

20世纪初期，德国的心理学派发展了新的学习理论，即格式塔学习理论。该理论认为，行为主义学习理论的试验对象是动物，动物的尝试错误的行为并不是主动做出的，而是被动做出的，因为在该实验中动物所处的环境是完全陌生的，而且该环境已经超出了动物的理解范畴，所以动物在此环境中做出的行为都是盲目的。所以，假如把动物放在十分清晰的环境中，让动物对环境有清晰的认识，其就不必进行盲目的错误尝试，而可能表现为一种顿悟，由此提出了"完形—顿悟"学说。

格式塔由德语 Gestalt 音译而来，又可译为"完形"，意指整体或组织结构，该结构从机能的角度来看并不是孤立的，而是彼此之间有密切的联系，而且相互之间还能产生影响。问题能够被妥善解决，是因为人们能够对情境中的各种事物之间的关系有深入的理解，而且这一理解还能够形成一种"完型"。换句话说，客体世界虽然具有完整性，但是并不意味着构成客体世界的各种要素是完全不变的，而是处于动态平衡的关系中，因此，要随着客体世界的变化而不断转变自己的思想。当客观环境发生了某种变化时，原有的整体就会变得不完整，为了让有机体变得完整，就要对其进行修补，只有将原有的缺陷补充完整，有机体才能保持完整性，而这一修补的过程就是学习。格式塔学习理论的重点是整体学习，它强调学习者与环境之间的相互作用以及学习者自身的作用。

学习的过程其实就是顿悟的过程，所以学习不是对一个一个动作的积累，也不是对某一种行为没有目的的尝试。虽然大多数顿悟是在做出很多错误的学习行为之后出现的，但是这并不意味着这些错误的行为是盲目的，它们都是个体在经过深思熟虑之后做出的。另外，由于个体的头脑中还存在之前积累下来的经验，所以学习还包含对之前存在的结构的改造。顿悟并不是随随便便就能够出现的，它需要个体先了解构成情境的各种成分，以及这些成分之间的关系，只有这样顿悟才能够真正出现。由此也能发现，顿悟的关键是对事物整体的把握程度，只把握细节是无法完成顿悟的。

（二）布鲁纳的发现式学习理论

布鲁纳的发现式学习理论是建立在"完形—顿悟"学说的基础之上的，他不仅对认知发现式学习理论进行了系统总结，还重新对认知发现式学习理论的基本框架进行了构建。

第一，所谓知觉就是人们将自己接收到的信息或者是某些刺激进行分类，然后再利用自己已有的知识对这些类别进行分析和推理，最后完成对事物的认识。布鲁纳研究知觉理论是建立在对人类思维的策略性以及目的的驱动性这两方面的基础上的。在布鲁纳的观点中，人们在处理环境信息时会采取三个步骤，即选择、抽象和概括。另外，由于人与人之间存在很大的差异，所以不同的人对相同的客体会产生不一样的感知。这一观点是对原有观点的发展和超越。

第二，编码系统就是人们在面对新的环境时，对该环境中所包含的信息进行重新加工和组合的认知谱系，另外，编码系统也是人们在接受刺激时对该刺激产生认知的基本方式。对输入刺激进行有效归类，是人们对接收的感性材料进行有效认知的前提，只有在完成归类，并且对不同的类别进行分析和推理之后，认知过程才是完整的。构筑编码系统的方法有很多，最有效的方法就是对认知谱系进行分级。虽然获取知识的形式多种多样，但无论是以哪一种方式获取知识都是值得肯定的。在教学活动中学生为了获取知识会积极探索，而教师所承担的主要职责就是给学生创造一个能够进行独立探索的情境。学生在学习某一学科的时候，其目的不仅是为了掌握教师所教授的课本中的知识，还是为了提升自己的思考能力，以及对该学科知识在现实中的应用能力。在这一学习观的指引下，认知发现理论的主要观点可以概括为以下两个方面。

第一，任何学科都是平等的，所以任何学科的知识都可以按照相应的形式传授给学生，而且学生不受年龄的限制。

第二，无论知识是简单还是难，从其本质上来看是没有差别的。换句话说，不同的人在认识上只存在程度上的高低，其本质是没有区别的。

（三）乔姆斯基的语言学习理论

《句法结构》这本书是乔姆斯基在 1957 年出版的，该书有一个重要的观点，即转化生成语法。在乔姆斯基的观点中，对语言的学习属于人们的内在技能，而且语言学习是建立在知觉的基础上的。另外，乔姆斯基还否认了斯金纳提出的行为主义心理学，他认为语言学习是构成认知心理学的重要组成部分。

人类语言最典型的特征就是创造性，而乔姆斯基将这一特征设定成了语法揭示目标中的其中一个目标。所谓的生成语法和我们平时所说的语言学中的语法并不相同，它属于理论语言学，所以对这一部分的研究就是对具体语法的研究。乔姆斯基对语言能力和语言行为进行了重新界定，并且对生成语言学的研究内容进行了说明，即句子并不是生成语言学研究的内容，那些能够让人们创造句子，并且能够理解句子的能力才是研究的关键，另外，在研究的过程中还要解释清楚人通过母语就能辨别有效句子的原理。只有如此，研究的重点才能够转移到人对母语的认知上来。语言和习惯不一样，人们生来就具备学习语言的能力，人学习语言是为了满足现实的需要。从乔姆斯基的观点来看，语言不是模仿来的，而是创造出来的，即便是在学习语言初期，也并非只有模仿，还有人对语言使用规则的掌握和创造性使用。规则虽然是有限的，但是通过规则创造出来的句子却是无限的。

外语学习和母语学习之间存在很大的区别。第一，外语和母语的学习环境是完全不一样的，外语学习基本上都是在课堂内完成的，由于学生无法在自然的语言环境中进行学习，所以只能依靠学生自身固有的经验以及对外语的认知程度。第二，学生先掌握了母语才开始学习外语，而外语学习需要靠学生建立自主意识，在一定的组织形式下进行学习。根据外语教学的特点，可以将外语教学分为以下三个阶段。

第一，语言理解阶段，即教师在课堂当中通过给授课让学生发现所学语言的规则。

第二，形成语言能力阶段，通过创建一定的情境，让学生在该情境中进行练习。

第三，语言运用阶段，让学生在没有课本的情况下进行交际性的练习，培养学生自觉使用语言的意识，提高学生在学习中的自主构建能力。

三、建构主义学习理论

（一）知识观

不能盲目地认为知识可以准确说明现实和客观规律，因为知识并不具备唯一性，它只能属于一种解释，它并不是问题的最终答案，而且这种解释和假设不一定是正确的、确定的，而是具有猜测性的。一切知识，包括科学知识在内，只不过是一种假设或解释，不是问题的最终答案，它会随着人类的进步而不断地被革新，并随之出现新的知识假设。已有的理论和假说总是会被新的理论和假说所代替。学生学习的书本知识就是一种对现实世界较可靠的假设，是以一定的社会现实为依据的。知识是抽象的，它没有办法独立存在，因此它必须依附于某一具体的个体，所以知识具有个体性。另外，知识还不能脱离情境，所以知识还具有情境性。如果人们想要解决某一个问题，仅仅依靠已有的知识储备是无法顺利解决的，那么就需要根据问题的特征对已有的知识进行重新组合和创造。因此，知识的高度主观性和情境性决定了学生的学习更重要的是对知识的猜测、质疑、检验和批判。

在建构主义者的观念中，知识就是个体对现实世界构建的结果。知识是由人类创造的，它属于人类社会的范围，但是知识并不是固定不变的，它会随着社会的发展不断被人们改造，虽然知识无法与现实世界保持一致，但是人们会让其尽可能向现实世界靠近。所以，随着社会的发展，那些旧的，不利于社会发展的知识会被删除，随着新事物的出现，也会出现新的知识。知识虽然能描述世界的规律，但是无法精确描述，当人们面对现实问题时，还需要根据现实情况的特征进行再次创造。

（二）学习观

学习是一个主动的过程，而不是被动的过程，因为学习意味着学生要主动接收外部的信息，然后再自主构建自己的知识体系。学习的过程不能看成是学习者对信息的输入、存储以及提取，因为学习者吸收了新的知识以后，原有的知识会与新的知识相互作用。建构主义的学习观强调学习的主动建构性、社会互动性和情境性三个方面。[①]

第一，学习的主动建构性。虽然在教学的过程中，教师会将知识传递给学生，但是学生接收了知识以后并不代表学生完成了学习，还需要学生对知识进行自主建构，这种建构只能由学生自己完成，只有这样学习的过程才是完整的。每一个学生对外部世界形成的理解都是他们自己建构的结果，这是一个主动的过程，而不是被动地接收被人建构好的东西。

当人们为了描述观察到的新现象时，就会创造新的规则和假设，新的规则和假设其实就是知识，为了学习新的知识，就会出现学习行为。当然，学生对世界的认识是不断深入发展的，所以也会出现学生原有的认识与新的认识之间

---

① 宋铁莉，陆雪莲. 教育心理学 ［M］. 长春：东北师范大学出版社，2020.

存在不一致的情况，为了保持原有观念的平衡，人们需要创造新的规则和假设。因此，学习过程具有创造性的特征。与其他的认识活动相比，学习的过程更多地体现了"顺应"的特征，即认知结构不是一成不变的，而是在不断发生变化，这一变化就是由知识的变革实现的，而认知结构的变革其实就是新的学习活动和认知结构的相互作用。

第二，学习的社会互动性。学生生活在社会中，学生在学习的过程中是无法避免与他人的联系的，所以学习具有社会互动性。在建构主义的观点中，个体的学习是通过合作来完成的，个体要想对知识有深入的了解，需要与群体进行对话。由于学生的经历不同，所以学生自身所具备的经验也是不一样的，当相同的学生面对不同的问题时就会产生不一样的理解。如果让学生进行合作学习，学生就可以通过他人的理解对事物有更为全面的认识。因此，教师在开展教学时，要给学生创造合作学习的机会，让他们在合作中相互促进，共同成长。

第三，学习的情境性。在以往的教学观念中，学生学习的重点是那些被高度概括之后的知识，因此，以往的教学提倡将知识从情境中提取出来。但是，知识与情境之间存在密切的联系，知识不能脱离情境而存在，学生的学习必须在情境中完成。在建构主义者的观念中，学生建构以关键概念为中心的网络结构知识后所获得的成果就是学习。学习的结果可以分为两类，即结构性知识和非结构性知识。

（三）教学观

建构主义的教学观是建立在建构主义者对学习的理解之上的，建构主义教学观的内容主要包括教学目标、教学方法、教师的作用等多个方面。

第一，教学活动的开展是从教学目标出发的，教师根据教学目标的要求指导学生完成对新知识的建构。

第二，教师在学生学习的过程中发挥着指导作用，教师对学生的学习活动还发挥着促进作用，因此，将教师看成是"知识的传授者"的观念在某种程度上是不正确的。

第三，学生是学习活动中的主体，而教学资源、教师创建的情境以及教学方式等内容只能对学生的学习起到推动作用。因此，教师在教学的过程中，要将学生置于主体地位。另外，教师在构建学习情境时要以现实情境为依据，只有这样才能让学生实现高级学习。最后，学生的学习不能脱离合作，这里的合作不仅有学生与学生之间的合作，还有学生与教师之间的合作，在合作的过程中，学生对知识才能有更深刻的理解。

第四，自上而下的教学设计在教学中是必不可少的。以往的教学设计的理论依据是行为主义心理学和斯金纳的学习理论，因此该教学理论强调通过强化来控制学习过程。教师在进行教学设计时，要注意对知识进行分解，让学生循序渐进地学习。

第三章　英语情境教学

在英语教学的过程中，英语情境教学法就是根据学生在英语学习过程中的心理特征以及年龄的特点，进行针对性的教学。我们在英语教学的过程中针对性地指出反映论的具体认知规律，同时在英语教学的过程中结合相应的教学内容，有效地应用形象内容对英语教学情境进行创设。这样能够让较为抽象的英语教学语言成为生动的可视英语语言。通过英语情境教学方法可以使学生在学习英语课程的过程中更加深刻地了解英语思维、英语口语以及英语感知。

第一节　情境与英语情境教学

一、情境的概念

情境，即情景、境地。关于情境的定义，并不是现代才有的，它来源于中国古代的一个美学概念——意境说，其杰出代表是刘勰的《文心雕龙》以及近代学者王国维的《人间词话》。意境说认为外界环境对人的内心活动起指引和调节的作用。

在不同的视域下，情境表现为不同的特点，既可以是主观的，也可以是客观的；既可以表现为基于学校与课堂的功能性，又可以表现为基于社会与自然的生活性。可见，情境并不是一个单一的概念，而是包含着深刻丰富的含义和内容，因此，基于情境的教学模式具有很高的可开发价值。

二、情境的类型

（一）欣赏情境与参与情境

欣赏情境是指情境的角色扮演者并不是活动的主体，或者说角色的活动仅仅是观察与欣赏。参与情境是指角色的扮演者同时也是活动的主体。

（二）真实情境与描述情境

真实情境的活动背景是未经过教师处理的自然或社会背景，描述情境中的活动背景是教师创设的背景。在真实情境中学生往往可以获得更多的感性认识和情感体验，但在真实情境中的活动经常需要较大的投入，比如说时间的投入、金钱的投入等。

（三）实验情境与模型情境

实验情境的作用对象是能够给学生以真实反馈的真实对象。模型情境的作用对象并非真实的物理对象，这些对象可能是通过多媒体手段创设的模型，也可能是一些需要学生自己通过思考演算来解决的题目或问题等。

三、英语情境教学的概述

（一）情境教学的概念

所谓情境教学法就是在教学的过程中，教师根据教学内容创设一定的情境，丰富学生的情感体验，帮助学生更好地理解教学内容。情境教学并不是照搬生活中的情境，而是对现实情境进行加工之后再搬进课堂，寓教学内容于具体形象的情境之中。

在情境教学中，人们最关注的是如何创设情境。我们把情境的创设认为是课堂教学的情境准备，在吸收传统情境教学方法的前提下，进行新的拓展和延伸，将情境问题做深入探究。单从如何创设情境来看，至少应该包含五个方面：①从教材、学科特点以及学生实际出发；②借助多种手段创设情境；③组织活动带入情境；④注重师生、生生之间的人际情境创设；⑤注重情境的连续性、综合性。

情境教学从英语教学中运用情境进行语言训练得到启示，还学习了我国古代文艺理论中意境说的内容，融入了传统教学和近代教学中的积极因素，最后才构建出情境教学的基本框架。

从情绪心理学的视角来看，个体的情感对认知活动的影响主要包括三个方面：动力、强化和调节。动力功能就是不同的情感对认知活动产生的不一样的影响，积极的情感会对认知活动起到推动和促进的作用，而消极的情感则会阻碍认知活动的发展。利用情境教学法展开教学，就是要在教学中引起学生的积极情感，让学生能够积极主动地参与到学习活动中。情感对认知活动带来的积极影响，给教师在教学活动中增强学生的学习动力提供了借鉴。情境教学法就是让学生在情境中始终保持平和的情绪，让学生在心情愉悦的情境下进行学习。通过对课堂教学的总结，我们能够发现，教学效果的好坏和课堂气氛之间存在密切的联系，课堂氛围越轻松，学生的学习效果越好。

从脑科学的角度来看，人的大脑功能的区分可以充分说明，左右两个大脑半球既有分工又有合作，大脑左半球掌管逻辑、理性和分析的思维，包括言语的活动；大脑右半球负责直觉、创造力和想象力，包括情感的活动①。传统的教学模式调动的是大脑左半球的活动。但是情境教学则不同，在情境教学中，学生不仅会有丰富的情感体验，还要将自己的体验通过语言表达出来。学生在感受的过程中大脑的右半球会变得兴奋；学生在表达的时候，大脑的左半球会变得兴奋。这样就改变了以往教学模式中大脑只有一边兴奋的情况，大脑的两半球同时被调动起来，学生的潜力能够得到进一步挖掘，学生的学习也更为轻松。

情境教学最初是在语文学科中获得成功的，但情境教学总结出的一些基本思想和理论观点乃至一些操作方法，如以"形"为手段，以"美"为突破口，以"情"为纽带，以"周围世界"为源泉的情境创设"四要求"以及诱发主动性、强化感受性、着眼创造性、渗透教育性、贯穿实践性等促进学生发展的"五要素"，在各科教学乃至整个教育过程中都具有普遍意义，是符合教育教学规律和学生身心发展规律的。因此，将情境教学的基本原理由一科向多科、由教学向教育迁移和深化，是情境教学研究内在逻辑发展的必然结果。

（二）情境教学的特点

1. 形真

所谓形真就是形象要尽可能地与原型相贴合，用形象来拉近学生与教学内容之间的距离。与中国画的白描写意类似，简单的几笔，就勾勒出形象，并不要求重彩，却同样是真切、栩栩如生的。情境教学也是同样的道理，以"神

---

① 孔云. 经典教学理论与课堂教学应用［M］. 北京：海洋出版社，2018.

似"显示"形真"。形真不是将客观事物原原本本地重复出来，而是通过对形体进行简化或者是通过暗示的方式将实体的形象勾勒出来，让学生获得真实感。

2. 情切

情切就是在认知活动中融入情感，让情感推动学习者的学习。在情境教学中，教师会通过情境来调动学生的情绪，然后再结合教师的语言、教师的情感以及教学内容等多方面的因素来共同影响学生的心理，让学生全身心地投入学习中。情感是学生学习的动因之一，而情境教学就是利用情感来提高学生的学习质量。

3. 意远

所谓意远，就是通过深远的意境给人创造想象的机会，让人的想象力能够得到发展。情境教学中创设的情境是一个完整的整体，它能够给学生形成最直接的印象，让学生因为该印象而调动起自己的情绪，给学生留有想象的空间。教师就可以从学生的想象出发，然后再将教学内容和学生的想象联系起来，拓宽学生想象的空间，让学生进入与教学内容相关的情境中。这样，学生的想象不仅被激发了出来，学生的想象还让教学情境得到了丰富，实现了一举两得的效果。

4. 理寓其中

理寓其中，就是先确定教学的内容，然后再根据教学的内容确定情境教学的具体形式。教师开展课堂教学时，要在教学活动中以教学内容为中心设置情境。由于情境教学具有"理蕴"的特点，所以学生所获得的理念不是干瘪的，而是丰满的，是具备形象和情感的。情境教学正是具有了以上所述的形真、情切、意远且理寓其中的特点，使它为学生学习知识，并通过学习促进诸方面发展，提供了一条有效的途径。

（三）英语情境教学的目标

（1）让学生具有正确的学习态度和情感。学习态度能够对学生的学习产生直接的影响，如果学生的学习态度不端正，那么学生的学习就达不到理想的效果。因此，教师在教学的过程中要让学生明确学习的目的，调动学生学习的积极性，帮助学生养成长期学习的习惯，这样学生才能够一直具备学习的动机。

（2）不断提升学生的语言思维能力。英语教师要积极转变思想观念，寻求新的思维方式，引导学生独立思考。在英语教学过程中，应结合语言学习的特点，通过激发学生发散、收敛、线型、立体和网络等思维方法来培养其思维的广阔性、深刻性、灵活性、批判性、敏捷性和创造性。通过呈现新的语言知识点，训练与培养学生的形象思维能力；通过对语言知识点的音、形、义的操练，培养学生的抽象思维能力；通过运用新语言知识进行模拟交际，培养学生的创造思维能力。教师要从服务于学生的角度，努力创造适合学生学习及发展思维的气氛，使学生产生"移情"，达到"共鸣"，形成健康的思维心理。

（3）培养学生综合运用语言的能力。英语是一门实践性很强的学科，教学中不能把英语仅仅作为一种语言工具。教师应有意识地培养学生借助英语获取信息和表达思想的能力，这种能力以必要的社会文化背景知识为前提。在教学过程中要注重语言的意义，加强对学生的语言知识运用能力和解决实际问题能力的培养，在提高学生阅读能力的同时也要提高学生的听说能力，推动学生实现全面发展。在语言实践的过程中，学生的英语知识不仅被提升，交际能力也随之得到了提升，而且在交际活动中，学生会将自己学到的知识应用到现实中，进而实现英语语言应用素质的提升，这是英语教学中的重要目标。

（4）培养学生的创新素质。学生的创新素质包括创新意识、创新思维、创新个性、创新能力等方面。以培养学生综合素质为目的的英语情境教学模式有如下要求：第一，英语教学活动要以学生为中心。教学是一种师生共同参与的发展心智的活动，在全部活动中学生应该处于中心地位，一切都是为学生能够主动地参与教学活动创造条件。第二，让学生经历学习过程比获得结论更为重要。英语教学的目的不单单是为了让学生记住一定的词汇、句型、语法等语言的基本知识，更重要的是让学生经历获得英语基本知识和运用所获知识的过程。

（四）英语情境教学的意义

第一，情境教学能够让人的情感得到升华，心灵获得净化。从教育心理学的角度来分析陶冶的含义，就是能够给人的思想意识带来积极且健康的影响。然而在情境教学中，陶冶的功能就是孔子所说的"无言以教"和"里仁为美"。情境教学中的陶冶功能能够对人的情感进行过滤，它能够将人的情感中那些给人带来不良影响的因素剔除掉，只留下能够给人带来积极作用的好的因素，它能够让人的情感变得更为纯净。这种净化后的情感体验具有更有效的调节性、动力性、感染性、强化性、定向性、适应性、信号性等方面的辅助认知功能①。

---

① 舒婧娟，汪萍，鲁春林．基于多维视角下的英语教育模式研究［M］．青岛：中国海洋大学出版社，2019.

第二，情景教学能够培养学生的创造性思维，提高学生的适应能力。人完成社会化的过程其实就是环境与社会、家庭等众多因素相互作用的最终结果。这些因素之间的相互作用有的能够被人们感知到，有的则在潜移默化中影响着人们。心理学研究表明，人具有可暗示性的特征，所以人要接受环境的教学和教育。通过比耐（Bene）的实验我们能够发现，人天生就具备接受暗示的能力，而且比耐在他的书中也直接将"可暗示性"等同于"可教育性"。事实上，将比耐的结论放在社会学的背景当是完全符合实际的，因为人具有社会性，人和社会之间存在着密切的联系。

情境教学就是将现实生活中的情境通过提炼、加工之后转移到课堂教学中，然后用该情境来带动学生的学习。例如，用语言对某一个情境展开描述，让学生在课堂中进行角色扮演，让学生欣赏音乐、看视频，等等。这些都是将教学内容融入情境当中，学生进入该情境之中，就会受到该情境的暗示作用。换句话说，教师根据教学需要设置的教学情境能够给学生带来一定的启发作用，当人们进行思考之后，会创造出新的认知结构。

第二节　英语情境教学的重要性与必要性分析

一、情境教学应用于英语教学中的必要性

情境教学法是以听说法为基础逐步发展起来的一种新的外语教学方法。情境教学法是对听说教学法的发展，情境教学法有自己的教学特点。第一，由于英语教学内容和教学目标的特殊性，情境教学法非常重视学生视、听、说能力的提升。第二，句型教学也是情境教学的重要内容，教师可以通过创设情境，让学生在情境中掌握一定的句型，这样学生就能够将课堂中学到的内容应用到现实生活中。第三，教师在应用情境教学之前需要做好充足的准备，教师要根据所要创设的情境准备好相应的道具，这样学生才能在情境中感受到真实性。

学生对所学的知识感兴趣，学习效果才能更好。但是，当下学生对英语的学习多是被动的，很多学生对英语学习并不感兴趣，英语课堂学习氛围差，学生逃避学习英语，很多学生在课堂中学习英语时，只是在机械地记忆，很少会对教授的内容进行思考。总的来说，在英语课堂教学当中，教师是主导者，学生只是知识的被动接收者，大多数学生很难有练习英语口语的机会，学生的英

语口语水平始终得不到提升。而情境教学法以美为突破口，以情为纽带，以思为核心，以活动为途径，以周围世界为源泉，这样的方法很适合学生学习①，这也让英语教学和情境教学相结合变得更为重要。教师在英语课堂中可以给学生创设多种情境，以此来丰富学生的情感体验，使学生对学习英语的兴趣得到提升，对英语的实际应用能力也得到提升。

二、情境教学应用于英语教学的重要性

（一）有助于培养学生运用英语的实际能力

学习知识的目的是用学到的知识解决实际问题，因此在英语教学中，教师所要教授的内容基本都会设置在一定的语言环境中。根据所要教授的内容设置一个完整的、与实际情况相吻合的语境，然后对学生加以引导，这样学生就能够进入所设计的情境中。例如，当教学内容是有关购物的部分时，教师就可以创建一个在超市购物的场景。学生在教师创设的情境中学习，然后再将自己所学的知识应用于情境当中，这样学生对该知识的理解和认识就会更加深刻，学生也会因为情境而增加自身对英语学习的兴趣。

（二）有助于消除学生的紧张心理

情境教学法的关键就是带动学生的学习情绪，让学生对英语学习产生兴趣。情境教学中的情景都是来自现实生活，与课堂教学的内容存在密切的联系，学生在情境中进行学习能够得到很大的启发。教师在教学的过程中要注意自己对学生的态度，无论是肢体动作还是语言，都要尽可能温和，帮助学生消除在课堂中的紧张情绪，这样学生的学习效果才会更好。

（三）有助于吸引学生的注意力

教师在日常教学中要打破常规，积极对教学方式进行创新，吸引学生的兴趣，让学生专心致志地学习英语。情境教学法中创设的各种情景更加贴近学生的现实生活，学生也会觉得充满趣味性，因此，学生更能集中注意力学习教师所教的内容。

（四）有助于降低学生的理解难度

语言的发展离不开语境，语言交际活动也无法脱离语境，人们在了解语言

---

① 周娟娟. 高职高专英语情境教学［M］. 成都：四川大学出版社，2018.

的意义以及发挥语言的功能时也需要语境。而情境教学法从其本质上来说就是帮助学生创建英语学习的语言环境。当教师把学生的英语学习放置在相应的语境中时，学生会更容易理解语言的内容。

总的来说，情境教学对英语教学具有重要的意义。情境教学中创设的情境能够在无形之中让学生学习到新的知识，提高学生的学习效率和学习质量。另外，情境教学将感性和理性、直观和抽象以及课堂教学的内容与现实生活实现有效的衔接，能够化解学生在学习过程中的多重矛盾。

学生虽然在课堂中接受了大量的信息，但是仅仅接收信息并不代表完成了学习这一过程，还需要学生将接收的信息进行重新加工和建构，这样才是真正完成了学习。对知识的建构不仅需要新的知识，还需要原有的知识，要让新的知识和原有知识之间发挥作用，这样才算完成知识的建构。在创设情境的时候不能随意创建，要以实际情况和学习内容为依据，这样学生才能够在情境中重温原有的知识同时获取新的知识，而且合适的情境还能够为学生提供有效的学习信息，丰富学生的情感体验，启迪学生的智慧，提高学生的认知水平和学习能力。另外，合适的情境还能够给予学生充足的实践机会，学生可以在实践当中应用自己在课堂中学习的知识，实现课内向课外的迁移。学生也会因为情境的存在对知识的理解更为深入、透彻，学生会在已有认识的基础上更好地应用自己所学的知识，提高自己对知识的实际应用能力。知识具有情境性，因为知识的产生和发展都是在情境中实现的。情境在认知活动中具有重要的作用，如果脱离了情境，那么认知活动就没有办法达到理想的效果。创建合适的情境可以调动学生对学习的热情，提高学生学习的积极性和主动性；创建合适的情境还可以起到规范教学过程的作用，教师在合适的情境中能够更好地引导学生学习。教学情境是由多重因素构成的，情感环境、行为环境等都是构成教学情境的重要因素，一个好的教学情境不会是单调的、干瘪的，而是内容丰富且生动的。

（五）有助于提高课堂教学效率

在英语教学中，使用情境教学法能够有效地提高课堂效率。首先，通过情境教学法，学生在教学过程中的注意力更加专注，学习效率更高。其次，情境教学法能够调动学生学习的积极性和主动性，这是提高课堂教学效率的重要因素，只有学生在学习过程中充分发挥积极性和主动性，才能更好地促进英语教学的开展①。再次，通过情境教学法，学生的学习主动性能够得到有效提高，

---

① 武军霞. 情境教学法在英语教学中的重要性研究 [J]. 成才之路，2018（20）：25.

学生学习的自主性对于提高学习效率和教学质量有重要影响。所以，在英语课堂教学中采用情境教学法能够有效提高教学效率。

第三节　英语情境教学的设计与活动组织

一、英语情境教学的设计

（一）英语情境教学设计的影响因素

1. 师生

从教师的角度来看，教师是情境创设的主要组织者，因此教师不仅要具备创设情境的意识，还要有创设情境的能力。不同的教师对教学情境的认识也是不一样的。另外，教师搜集的关于情境教学的信息也会影响情境教学的设计。

从学生的角度来看，学生是独立的个体，具有主观能动性。学生的发展是分阶段的，每个阶段都有每个阶段的特点，为了满足学生每个发展阶段的要求，在设计情境教学时就要考虑这些因素，这也导致情境的设计存在差异性。建构主义理论认为学习者常以自己的经验方式来构建对事物的理解。由于不同的人的生活经验及知识水平不同，对同一事物的看法或是认识也会不同。例如，学生的家庭情况不同，提供的生长环境和文化熏陶也就必然存在差异，因此学生的兴趣爱好和智能潜质也各不相同，进而学生对于教师所创设的教学情境也就有着不同的反应。因此，在英语教学中，教师应按照学生的差异性特征来设计教学情境，这样学生的差异化需求才能够得到满足。

2. 教学目标

教学效果受到多方面因素的影响。在这些因素中，教学目标发挥着重要的作用。所谓教学目标，就是课堂教学中每一个单元以及每一个课时所要达成的目标。所有的教学活动，如教学方式、教学内容、评价方式等都是围绕教学目标展开的，因此教学目标在情境教学设计中发挥着决定性的作用。教学目标和情境设计并不是同一层面的内容，因为教学目标在整个教学活动中都发挥着主导作用，而情境设计只是实现教学目标的一种手段。因此，教师不能过分夸大情境设计的地位，在进行情境设计时也要围绕教学目标展开，要让学生所学的内容符合该年龄段的特征和认知水平，让学生所学习的内容能够与相应的情境完美结合。

3. 教学内容

虽然很多学科都会用到情境教学法，但是设计情境时不能随意套用，每个学科的情境教学都要体现该学科的特点。情境教学的内容不能脱离教学内容，不能太难也不能太简单，学习重点要明确，要让学生既能够复习原有的知识又能学习新的知识。教学内容还影响教学目标的设立，决定教学目标所处的层次。如果情境设计脱离了教学内容，那么教学目标也就很难实现。

（二）英语情境教学设计的原则

1. 科学性与艺术性相统一的原则

科学性原则是教学设计活动的本质要求，是达成教学最优化的前提条件和重要保证[①]。第一，英语情境教学设计要遵循教育学、语言学等学科的基本原则；第二，在设计情境教学的各个环节时还要遵循情境教学的基本原理和运行规律；第三，要对课堂教学的各个部分进行系统的整合，以此达到教学的最佳效果。

2. 最优化原则

这是教学设计的根本目的和要求。从系统论的观点来看，课堂教学是一个动态的系统，它由教师、学生、教学内容、教学形式等多重要素共同构成。对课堂教学系统进行优化不能只优化某个要素，要将全部要素进行优化，还要对各个要素之间相结合的方式进行优化。教师是优化任务的主要承担者，教师对课堂教学进行优化不仅要提前了解教学的内容、教学目标等因素，还要了解学生的学习水平、学习特点以及学习需求等因素，同时还要了解英语教学的教学条件，只有对所有的教学要素有充分的了解，才能够顺利完成对英语课堂教学的优化。

3. 整体性原则

英语情境教学设计要遵循整体性原则，所谓整体性原则就是教学目标的整体性。教学目标是所有教学活动的中心，也是教学进程的主要依据。在设计英语情境教学目标时可以从以下两个方面出发：第一，教学目标的设定是为了提高学生的综合素质，其内容不仅包含认知领域还包含非认知领域。在以往的英语教学中，英语教学目标的设定通常是围绕认知展开的，非认知部分所占比例非常小。究其原因，在教学的过程中，无论是对教学的评价还是对教学方式的调整都是以认知目标为依据，只有在完成认知目标后才会兼顾非认知目标。英

---

① 金跃芳. 英语情境教学理论与实践 ［M］. 杭州：杭州出版社，2005.

语情境教学目标的设定弥补了以往英语教学中目标设定的不足。英语情境教学的目标中不仅有知识这一基础目标还有智能目标和情意目标，设定这样的目标不仅能提升学生的知识水平还能够提高学生的主体性和社会性。第二，教学目标的设定要同时兼顾学生的共性和个性。在英语情景教学中，学生的学习层次会被明确划分出来，教师可以为不同层次的学生制定不一样的学习目标，这样教学目标的设定就能够适合每一个学生，学生的学习效率和学习质量都会得到大幅度提升。

4. 注重探究性

传统的英语教学模式是教师在上面讲，学生在下面听，学生只能被动地接受教师传授的知识，很难形成自己的思考。随着教育的逐步发展，新的英语教学模式出现，传统的教育方式被打破，人们开始重视学生自身的发现和思考，开始实施探究式的学习模式。探究式学习就是以教学内容为依据创设一个情境，在该情境中教师会从学习、生活中选择一个模块，让学生对这一模块的内容进行探索和发现。学生在探索的过程中会主动搜集信息、分析信息并根据信息做出合理的判断，因此，学生在这个过程中不仅会获得丰富的知识，学生的思考能力以及探究能力都会得到提升。英语情境教学能够满足学生的探索需求，学生在探索的过程中可以根据自身的学习特点和学习需要使用适合自己的学习方法，然后丰富自己的知识积累。

（三）英语情境教学的实施原则

1. 主体性原则

遵循主体性原则就不能再按照传统的方式设计英语情境教学，教师在设计英语情境教学时要充分发挥现代教育技术手段的作用，给学生创造一个优秀的情境，另外，教师的言行举止要尽可能温和，这样才能拉近自己与学生之间的距离。教师在教学的过程中还要注意调节课堂气氛，调动学生对英语学习的热情。由于现在英语教育的发展较为迅速，很多学生都有一定的英语知识储备，他们不仅能够自主学习英语，甚至还能够自主设计英语教学中的情境。面对这种情况，教师应尽量放手并鼓励学生自主设计教学情境。同为学生更了解自己的学习特点和学习需求，所以由学生设计的教学情境更能满足学生英语学习的需求，学习效果也会更好。

2. 交互性原则

英语教学要充分体现语言教学的交际性，根据学生的实际，创设情境，通过大量语言实践，培养学生运用语言知识与技能进行英语交际的能力①。教师要积极给学生创造使用英语的机会，面对那些不敢开口的学生，教师要积极鼓励，只有这样学生对英语的应用能力才能得到有效提升。语言的主要作用就是实现人与人之间的交流，而英语情境教学就是通过创建相应的情境，让学生在该情境中利用英语进行交流，从而达到英语教学的最终目的。教师要鼓励学生积极使用英语，并为学生创造使用英语的条件，学生只有切身体验之后才能够对知识有更深层次的理解。

3. 探究性原则

学生主动探究学习能够提高学习能力和学习质量，因此教师要积极发掘学生的探究潜能。在情景教学模式中激发学生探究潜能的主要方式就是创建相应的学习情境，让学生在情境中发现问题、解决问题。

4. 体验性原则

所谓体验就是学生参加实践活动时的感受。学生学习知识不仅仅是为了增加自身的知识积累，还是为了促进自己认知的发展，丰富自己的情感体验，让自己的人格向健全的方向发展。教师在教学的过程中应该关注学生的体验，并根据学生的体验对教学做出相应的调整。在实际的英语教学中，教师应该根据教学内容以及学生的学习特点和学习需求创设合适的情境，在情境中对学生进行合理的引导，让学生主动对情境进行探索，在情境中利用英语进行交流，这样学生的英语知识储备和听、说能力以及实际应用能力都能得到有效的提升。

二、英语情境教学的活动组织

（一）英语情境教学的组织形式

1. 互动交际式组织形式

主体性教学理论主张英语教学活动要体现出活动性，也就是加强师生、生生之间的交往。英语教学活动的实践性要求在英语教学过程中必须具备活动性。需要注意的是，英语课堂活动的设置不能脱离教学内容和学生的学习需求，教师要保证教学活动的科学性和合理性。一般情况下，教学活动可以分为三种类型：一是呈现活动，就是教师以图片、视频、实物、模型等方式将教学内容直观地呈现在学生面前；二是练习活动，就是教师安排课堂阶段性练习，检验学生的学习效果，巩固学过的知识内容；三是交际活动，最常见的就是以

---

① 丁睿. 大学英语教学发展研究［M］. 长春：吉林人民出版社，2019.

小组活动的形式让学生进行讨论交流，互相借鉴学习经验。在这些教学活动中，教师要尊重学生的主体地位，保证学生在教学活动中具有较高的参与度，并且尊重学生的个体差异，发挥学生的长处，弥补学生的短处，增强学生的自信心，激发学生的创造潜能。

2. 直观、模拟情境组织形式

随着教育改革的推进，英语教学工具也有所创新，如利用多媒体技术进行实物、实景呈现。教师要发挥出这些教学工具的优势，创造性地使用教学工具激发学生的学习兴趣，增强学生对知识的认知与理解。除此之外，教师还可以主动创新教学情境，如以图片、视频或者实物的方式引出教学内容，让学生以对话表演的形式来强化单词或者句子的学习，培养学生的自主学习能力与对知识的应用能力。总之，英语教师要善于利用各种形象直观的手段讲解英语语言知识，重点讲解教学的重点与难点，创造更多的操练情境，为学生提供更多参与实践锻炼的机会，增强学生对英语知识的应用能力。

3. 问题中心组织形式

在英语课堂中，以问题为中心进行讨论交流也是一种常用的教学组织形式。学生对教师往往存在畏惧或胆怯心理，面对教师的提问，学生常常会出现焦虑的情况，然而，如果教师设置问题情境，让学生围绕问题进行自主学习与交流讨论，则能有效减轻学生的焦虑心理，调动学生学习的积极性、主动性和创造性。英语教师在设置问题时，要保证问题的难度适宜，能够被学生所接受。一般情况下，问题中心教学具有三种形式：口头通知或小型报告；扩展性交谈；辩论。这三种形式的教学都需要围绕教师提出的问题进行。

（二）英语情境教学的组织活动

1. 直观教具

从心理学方面讲，人对信号的接受效率与信号接近实物的程度有关，信号越接近实物，人们就越容易接受。在英语教学中，这种尽量用实物进行教学的方法就是直观教学法，所用实物被称为直观教具。当英语教师无法展示教学实物时，也可以使用图片或者简笔画来替代，由此可见，在英语教学课堂中使用直观教具，有助于加深学生对英语知识点的直观印象，帮助学生建构新知识，加深对知识的认识与理解。

2. 多媒体手段

英语的学科特点决定了英语教学是以培养学生的听、说、读、写能力为主，而多媒体教学是利用多媒体技术，即视频、图像、音响、图形和文本的有机结合进行的立体教学。多媒体的介入，改变了人们的传统教学方式，为教学打开了广阔的空间，使教学内容更丰富、更生动直观，也改变了常规课堂节奏和教学容量不能适应教育信息量大、信息交流迅速、内容丰富的现状，使课堂效益大大增加。使用多媒体手段开展英语教学，能够将死板的教学内容生动化，将抽象的教学内容形象化，吸引学生的注意力，对学生进行多重感官刺激，增强英语教学效果。

使用多媒体手段进行英语情境教学要注意多媒体选择的最优化，训练应侧重整体性和全面性，充分利用多媒体的反馈性。通过创设视觉情境和听觉情境，使学习者形成感知、理解和深化的认知进度。

第四节　英语情境教学存在的问题与策略

一、英语情境教学存在的问题

（一）形式化情境

形式化情境是指教师在英语课堂中所创设的情境浮于表面，与教学内容缺乏实质性的联系。教师在设置情境时，未充分考虑学生的实际需求，只是为了吸引学生的注意力，完成情境教学的任务。在英语教学中，形式化情境形同虚设，并不具有实质性的作用，利用形式化情境进行教学，只会耗费师生的心力，并不能完成教学目标。

（二）违背学生个体的元认知规律

元认知是指学习者对自己的认知过程的认知。元认知水平能够反映学习者的自我学习水平，一般情况下，元认知水平与学习者的自我学习水平正相关，元认知水平越高，学生的自我学习能力就越强。学生具有个体差异性，每位学生的元认知水平都是不同的，因此，在制定教学计划时，英语教师要尊重学生的元认知规律，通过对学生进行相关知识的培训和训练，使之具有一定的元认知水平并能自觉运用于教学活动之中，这样才能有效地提高课堂教学质量。在英语课堂上，教师通过对某一单元或某次教学活动进行分析、评价，可以了解该学生的元认知水平及规律，有针对性地设计教学环节，在提升学生英语水平的同时，也提升学生的元认知水平。但是，在英语教学中存在一个非常现实的问题，那就是教师不可能完全照顾到每一个学生，如果教师重点关注元认知水平偏高的学生，设置一些具有挑战性的情境，就容易导致元认知水平较低的学生难以跟上教学节奏；如果教师重点关注元认知水平偏低的学生，设置一些较简单的教学情境，这就会导致元认知水平偏高的学生难以对教学情境产生兴趣。总之，当大部分学生的元认知水平有所提升时，也会有少部分学生的元认知水平下降，最终导致两极分化的局面。

（三）忽视诵读和"咀嚼"文本

一些英语教材的内容大多选自语言和文意融为一体的经典英语作品。如果在英语学习过程中，只注重把握文意而忽视了语言，则达不到良好的教学效果。在当前的英语情境教学中，教师往往片面地注重解析文本所蕴含的思想，而忽视了诵读和"咀嚼"文本对英语教学效果的积极作用。

随着英语教学改革的推进，虽然英语教学的理念、方式、方法等都已经发生了改变，但由于长期受到应试教育的影响，以考试成绩为中心的教学观念并未完全消除，大多数英语教学活动还是围绕考试等评价体系进行的。其原因有如下几个方面：第一，在英语考试中，客观题占有较大的比重，为了提高学生的考试成绩，教师往往花费大量时间让学生背单词、短语、句子，而忽略了对文本内容的体会。第二，教师为了追赶教学进度，往往不会为学生诵读、"咀嚼"文本留下太多的时间。第三，学习者意识不到诵读和"咀嚼"文本的重要性，缺乏诵读意识。这就导致一些英语学习者因为缺乏必要的阅读能力以及相关的知识积累，无法真正读懂英文作品中的各种句式结构、修辞特点以及文本意义。出于以上原因，学生对英语文本的诵读有所欠缺，"咀嚼"力度不足，对英语文学作品的理解只停留在表层。甚至教师自身也对文本的"咀嚼"不够，只能创设出形式化教学情境，这对学生阅读能力的提升并不会有明显的效果。

（四）情境教学不能持续

情境教学不能持续是一个普遍现象，原因主要有两个方面：一是受教师自身的教育理念与教学水平的限制，教师对情境教学的重视程度不高，又或者有些教师自身能力有限，难以设置有效的教学情境；二是受到时间的限制，教师很难花费大量的时间多次开展情境教学。情境教学对学生英语学习效果的影响是不断叠加的，如果仅进行一次情境教学，那么情境教学的效果就难以体现出来，如果每周都能坚持进行情境教学，则教学效果就会凸显。由此可见，情境教学的教学效果必须由多次情境教学叠加才能体现出来。

（五）情境的构建缺乏创新

目前，我国英语教学情境缺乏创新性，英语教师往往使用情境教学模板进行教学设计，导致情境教学的内容千篇一律。在第一次使用某种情境进行英语教学时，学生会具有极大的兴趣和热情，但是如果多次使用同一种教学情境，学生在面对这些已经非常熟悉的教学情境时，就提不起兴趣，产生疲惫心理，更谈不上积极参与课堂活动了。因此，情境教学必须以创设具体生动的情境为基础，激发学生的学习兴趣，利用学生对新鲜事物的好奇心，调动学生学习英语的自觉能动性，增强英语情境教学的效果。

（六）情境教学法的延伸性不强

随着教育改革的推进，英语教学的教学方式有了很大的变化，其中，情境教学方法得到了扩充，英语教师可以使用多种情境教学方法开展英语教学。但是，这些情境教学方法在实际应用过程中，仍然缺乏延伸性，这里的延伸性指的是对英语知识的拓展。在英语教学过程中，部分教师只注重教材知识的传授，而忽略了从文化习俗、社会背景等方面对英语教学内容进行拓展。另外，有些教师在拓展教学内容时，没有结合学生的学习能力和学习需求，这使得学生难以消化拓展的知识，因此同样达不到促进学生全面发展的目的。

二、情境教学在英语教学中的应用策略

（一）加强对教师情境教育的培训

教师是开展情境教学的关键，所以应该加强对英语教师的情境教育，提升英语教师设计和把握情境的能力。一方面，教师要善于利用情境教学的各种构成要素，如图片、模型、视频、角色等，结合教学目标和教学情况合理搭配并使用这些构成要素，构建一个能够激发学生学习兴趣的教学情境。另一方面，教师要能够合理把握情境，也就是说，教师要对学生在情境中的学习情况有准确的了解，方便及时调整教学策略和方法，优化教学情境。

（二）持续创设情境展开教学

在英语教学中，教师要尽可能地保证情境教学长期进行下去，因为一两次的情境教学是难以起到良好的教学效果的。只有在情境的长期影响下，情境教学的效果才能在学生身上体现出来。需要特别注意的是，教师所设置的每一堂

情境课，都不能脱离教学内容，还要综合考虑学生的学习情况，尽量满足不同学生的学习需求。

（三）创设实物演示情境

在教学活动中，教学内容越直观，学生的接受程度就越强，所以教师在英语教学过程中创设实物，演示情境是非常必要的。在英语教学中要求创设实物情境的具体原因如下：第一，对于以汉语为母语的学生而言，他们对英语比较陌生，对英语语境的感知能力也比较弱，如果教师不为学生学习英语创设良好的外部条件，学生就难以全面掌握英语知识。第二，学生的学习潜能需要教师通过设置一定的情境才能激发出来，而实物演示正是一种合适的教学方式，教师直观地向学生展示教学内容，能够调节课堂氛围，消除学生心中对英语学习的紧张感和恐惧感，调动学生学习英语的兴趣，激发学生的学习潜能。第三，在英语教学改革的关键时期，需要创新出各种教学方式，以满足学生创新性发展的需求，而学生要想实现创新性发展，就需要具备较强的逻辑思维能力和直观感受能力，利用实物演示情境进行英语教学正好能够提升学生的逻辑思维能力与直观感受能力。综上所述，如果在英语教学过程中需要使用情境教学法，那么英语教师要综合考虑学生的兴趣和客观实际，考虑使用实物演示情境教学，建立实物与英语知识之间的联系，将抽象的英语知识形象化，使学生从感官上对英语知识留下深刻印象，从而帮助学生理解和内化英语知识。

（四）创设生活化情境

英语教学的最终目的就是让学生将英语知识应用到日常生活实践中。基于现实生活与社会发展需求，将日常生活元素融入英语教学中，能够有效增强课堂氛围和教学效果，进一步提高学生的语言技能和语境感知能力。因此，在英语教学过程中，英语教师要创设生活化的情境，将生活元素渗透到英语教学中，帮助学生理解和感悟英语知识，丰富学生的英语知识储备，提升学生的英语技能，进而使学生的英语水平得到全面发展。需要注意的是，在创设生活化情境时，英语教师要加强与英语教学目标的衔接，保证生活化情境教学法的科学性和合理性，尽可能为学生营造一个贴近现实生活的英语学习环境，这样有助于学生深入领会英语知识，从而锻炼相关技能，提升学生的自主学习能力。

一方面，当教师初步进行英语基础知识教学时，可以借助生活化情境展开教学。以贴近日常生活的教学手段将英语基础知识呈现在学生面前，既可以调动学生的学习兴趣，活跃学生思维，又可以帮助学生顺利掌握完整的英语语法知识技能。另一方面，当让教师开展英语实践教学活动时，也可以借助生活化情境展开教学，例如，引导学生围绕日常生活现象展开交流，既可以锻炼学生的听说能力，又可以培养学生的逻辑思维能力，从而获得理想的教学效果。

（五）设置英语游戏情境

在英语教学过程中使用情境教学法时，英语教师要在保证情境教学的科学性和合理性的基础上，展示出情境教学的趣味性，吸引学生积极参与英语学习。教师可以根据学生的兴趣爱好和实际教学情况设置一些游戏情境，调动学生学习英语的兴趣，让学生在参与游戏的过程中掌握英语知识与技能，激发学生的学习潜能。

学好单词是学好英语的前提条件。在传统的英语教学模式下，英语教师往往会让学生重复诵读、背诵单词，从而将单词强行记忆下来。使用这种记忆方法进行单词教学，其实不利于学生理解单词的意思，更不利于学生将单词灵活地应用在句子中。因此，英语教师要转变单词的教学方法。例如，可以设置单词接龙游戏、单词抢答游戏等，让学生在游戏中学习单词，从而加深对单词意思的理解，增强单词记忆效果。又如，教师可以为学生多举办一些英语比赛，如英语演讲比赛，以此来活跃英语学习氛围，拓展学生的英语知识面，提高英语教学效率。此外，教师还可以系统地将英语单词整理起来，这样有助于帮助学生记忆单词。

（六）创设问题情境

为了充分调动学生学习的积极性和保证英语课堂教学效果，在运用情境教学法开展英语课堂教学时，需要教师对实际教学内容进行仔细研究，并在情境创设时融入多个问题，同时将探究性学习、小组合作学习等教学方法融入其中，让学生有更多思考、合作、讨论的机会。在积极活跃的课堂教学氛围下，学生学习的积极性和学习效率也会明显提高，并在问题分析和解决中更加深刻地理解英语知识，学生的英语思维能力也会得到有效培养，并促进课堂教学质量的提升。教师可以将学生分为若干个小组，让学生进行组内交流，最后选出一个代表总结发表小组意见，这种讨论形式既能够活跃气氛，又能够帮助学生更好地把握课堂教学重点内容，在这一过程中学生的英语思维和能力也能得到有效培养和锻炼。

第四章　英语互动式教学

英语教学是我国教育不可或缺的重要组成部分，其主要目的是通过教育来提高学生的英语阅读、听力、口语能力和英语基本素质。因此，有效的教学方法对英语教育教学来说尤为重要。互动式教学法是一种增强课堂互动，从而提高课堂教学质量的教学方法，而语言类学科最重要的便是交流互动。因此，将互动式教学法应用在英语教学过程中，将极大地提高课堂效率和教学质量。本章主要对英语互动式教学的相关知识进行系统论述。

第一节　英语互动式教学概述

一、英语互动式教学的内涵

从字面上讲，"互动"就是彼此联系、相互作用。从社会心理学层面讲，"互动"就是人与人、人与物、人与环境等通过一定的手段来传播信息，从而发生一定行为的过程。所谓互动式教学，就是在教学过程中教师与学生展开互动的教学。互动式教学中的互动是人际互动，这是一个动态过程，教师是互动活动的主导，学生是互动活动的主体。英语互动式教学就是在英语教学过程中展开师生互动、生生互动，尊重学生的主体地位，建立良好的师生关系，营造和谐的教学氛围，进而提升英语教学效果。

二、英语互动式教学的特征

（一）教学目的的明确性

在传统教学观念的影响下，在进行英语教学时，教师往往为了提升学生的考试成绩而只注重词汇、句型、语法教学，忽视了培养学生的语言应用能力。英语教学的目的就是让学生将所学的英语知识应用到社会实践中，满足社会活动的需要，互动式教学明确了这一教学目的。互动式教学以开展互动活动的方式为学生提供更多的练习机会，培养学生的语言运用能力。

（二）教学方式的交融性

将信息技术应用在互动式教学中，能够为学生营造一个真实的语言环境，同时将各种教学方式融为一体，从视觉、听觉等方面刺激学生的感官，学生能够全方位地获取、感受、分析、应用英语知识，强化自己的学习意识，优化自己的学习行为。由此可见，英语互动式教学可以以各种教学方式和教学手段将抽象的英语知识形象化，为学生展开英语学习提供便利条件。

（三）教学过程的互动性

在英语互动式教学过程中，教师与学生、学生与学生之间进行身体、心理、情感方面的互动。与传统的教师对学生的单向互动不同，英语互动式教学中的互动是双向的。

在英语互动式教学课堂中，师生、学生之间的互动占用大部分时间，教师所扮演的角色发生了转变，由知识的传授者转变为学生学习的引导者和辅助者。虽然教师讲授知识的时间有所减少，但是学生的学习任务并没有减轻，甚至还会加重，因为学生需要以更加积极主动的态度参与到课堂互动中。在互动过程中，教师会使用一些直观教具、实物、多媒体设备等创造语言交际情境，同时以眼神、表情、肢体动作等进行辅助，来吸引学生的注意力，调动学生的学习情绪，使其全身心地投入英语互动课堂中。学生在观看、倾听教师讲解的过程中，也会积极思考，从而达到提升自身英语水平，培养自身英语学习能力的目的。需要特别强调的是，在互动过程中，教师要密切关注学生的反应，教师需要根据学生对教学过程的反馈来调整互动活动的内容或进度，不断优化互动教学过程。另外，还需要强调的是，英语互动式教学过程的互动是多层次的，即教师根据不同层次学生的特点设置不同层次的互动活动，尊重学生的个性化差异。

（四）师生关系的平等性

英语互动式教学模式中教师的角色与传统教学中教师的角色是不一样的。在传统英语教学中，教师是权威者和主导者。互动式教学提倡师生关系的平等性，在英语互动式教学中，教师是互动活动的组织者、促进者和参与者，学生的主体地位得到了尊重。同时，教师尊重学生的个体差异性，为学生营造一个宽松、和谐的学习环境，鼓励学生独立思考、自主探究，学生可以根据自己的兴趣爱好和学习需求，自主选择适合自己的学习方式。

（五）教学内容的广泛性

英语教学内容是英语教学的重要组成部分，主要包括知识、技能、方法、策略等，教学内容是为了实现教学目标而创设的。英语教学中最为常见的教学内容主要包括两大方面：一是语言知识，二是语言技能。词汇、修辞、语法、语篇等都属于语言知识的范畴，听力、口语、阅读、写作、翻译等都属于语言技能的范畴。教师的"教"与学生的"学"都离不开教学内容。在英语互动式教学中，教师设计教学内容时，会在不脱离教材的基础上适当增加一部分内容，以拓展学生的知识面，增强英语教学的趣味性，学生也可以从这些广泛的教学内容中受到启发，并运用这些教学内容解决现实生活中的问题。

（六）教学方法的灵活性

英语教学内容的广泛性决定了教学方法的灵活性。教师在英语教学中不能固定地使用某一种方法，而是要根据教学目标和学生学习的实际情况，灵活地融入多种教学方法，利用多样化的教学方法激发学生学习的动机，使学生积极投入英语学习中。每个学生都有各自的学习习惯、学习策略、认知方式、学习理念、思考方式等，学生与学生之间的差异要求教师不能采用一成不变的教学方法。基于此，在英语互动式教学中，英语教师融入灵活性理念，结合学生的诸多差异，科学选择教学方法，并根据学生的需求不断变换教学方法，又或者将多种教学方法混合交叉使用，避免教学方法的死板性，保证教学方法的灵活性。

三、英语互动式教学的类型

（一）师生课堂互动

教师在英语课堂中占据主导地位，发挥着主导作用。教师与学生之间的关系不断发生变化，保持学生与教师关系的稳定需要依靠教学活动。教师与学生之间要加强互动，学生要积极参与到课堂活动中，这样英语课堂才能保持生机与活力，师生之间的关系才能保持和谐与稳定。另外，英语互动式教学推翻了传统的英语教学模式，教师与学生之间不再处于对立的状态，交流对象也不再局限于学生与教师之间，而是开始向教师与教师、学生与学生的多元化方向发展。师生之间交流互动的增加也促进了教师与学生之间的情感交流，师生之间情感的正向发展有利于构建和谐的师生关系。

一般情况下，互动式教学的流程为：教师先向学生讲解教学内容，学生倾听，教师结束讲解以后对学生进行提问，学生回答教师的问题，然后教师对学生的回答做出评价，学生改正错误并将英语知识应用到实践中。这些环节都是教师给予学生一定的刺激，学生的学习态度和行为会相应地发生改变，从而在刺激、反应、强化、操练的过程中逐步掌握知识点。

（二）生生"社区"互动

生生"社区"互动就是将学生群体看作一个"社区"，在这个"社区"中学生与学生之间进行互动。生生"社区"互动的实施环境主要有三种类型：一是第二课堂，如英语社团、英语角；二是"第三课堂"，也就是社会实践；三是寝室。生生"社区"互动拓展了英语学习的空间，营造了良好的语言学习氛围。通过生生"社区"互动，学生会增强自我认同感，逐渐形成主人翁意识，能够将课堂中学习的英语知识运用到实践活动中，从而提升英语应用水平。

（三）生机多元互动

在新的时代背景下，信息技术与教育融合已成为教育的普遍现象。信息化教育技术为英语教学提供了海量的教学资源，在教学工具和教学方式上也都有所创新，能够很好地满足学生个性化的学习需求。英语互动式教学充分利用了互联网这一发展优势，做到英语教学的虚拟化、个性化、自主化与合作化。

生机多元互动的信息载体具有多样性，如网络教室、线上教学平台、校园论坛、多媒体语音教室等。学生利用这些信息载体培养听、说、读、写、译的能力。由此可见，互动式教学模式突破了传统英语教学中教师讲授或者板书的教学模式，学生利用信息化教育技术实现了自主学习与合作学习。

（四）教师多元互动

教师多元互动就是教师之间的沟通与协作，表现为教师共同研讨教学设计、相互听课学习、线上专业交流等。第一，教师在研讨英语教学设计时，会根据自己所教班级的教学情况与自己的教学经验，提出建设性的意见和建议，英语教研组会综合各位教师的意见，进行教学设计。完成教学设计之后，教研组进行公示，各位教师再对教学设计提出修改意见，教师代表再综合考虑做出修改，这样反复几次后就形成了最终的教学设计样稿，最后由教研组所有教师根据各自教学班具体情况进行授课，在这个过程中可以适当调整教学设计样稿。英语教学设计是开展英语教学的前提条件。第二，英语教研组成员会利用空余时间倾听、观摩其他教师的课堂，从中借鉴其他教师的教学方法、教学手段，提升自身的英语专业水平，培养英语教学能力。第三，目前大多数教师的课堂安排比较紧密，教师很难空出太多时间来听课学习。现代信息化教育技术的出现正好解决了这一难题，教师可以利用线上教学平台、交流平台（慕课、微信等）进行专业交流，既节省了大量的时间，又增强了互动的便利性。

四、英语互动式教学的意义

（一）有利于调动学生参与教学的积极性

学生对英语学习是否感兴趣，是影响英语教学效果的关键因素。传统的英语课堂中，教师往往采用"一言堂"的教学方式，只注重传授知识而忽略了学生的学习效果，学生对英语学习提不起兴趣。而在互动式教学模式中，学生能够轻松地参与英语学习活动中，其主体地位得到了体现，对英语学习产生了浓厚的兴趣。开展互动式英语教学，能够调动学生参与英语学习的积极性，激发学生的学习动机，促使学生全身心投入英语学习中，从而取得较为理想的英语教学效果。

（二）有利于学生创新精神的培养

英语学科是不断发展的，因此，在英语教学过程中，教师和学生都要注重创新性教学与学习。在传统的英语教学模式中，学生缺乏学习的主动性，只是被动地接受知识，对知识的理解不够透彻，更谈不上创新性地提出问题。然而互动式教学能够创新教学方式，使教学活动跟上时代发展的脚步。在互动式教学模式下，教师鼓励学生敢于质疑，敢于创新，对存在疑惑的地方大胆提问，教师进行答疑解惑，纠正学生错误的观点，引导学生围绕正确的观点进行创新性思考，使学生的创新意识和创新精神得到培养。

（三）有利于营造良好的互动环境

在英语互动式教学模式中，教师与学生在课堂中的角色都发生了转变，学生在课堂当中的学习不再是教师向学生单向的传输，学生可以与教师、同学展开积极互动。随着各种社交平台的兴起，英语教师也可以利用社交平台的优势将英语的交流从课堂内延伸至课堂外，为学生创设英语交流氛围，提高学生的英语应用能力。以互动模式为基础的英语课堂教学模式，不仅有利于提升学生获取知识的能力，也有利于促进中西方文化的交流与碰撞。

第二节　英语互动式教学实施的程序与原则

一、英语互动式教学实施的程序

（一）创设情境

在传统英语教学模式下，教师只注重"教"，而不注重学生的"学"，往往一上课直接进入课堂主题，忽略了与学生的互动，这不利于调动学生的积极性和主动性，学生处于一种消极的学习状态，整个课堂学习气氛也很低迷，不能获得预期的教学效果。由此可见，如何在英语课堂调动学生的学习兴趣是教师需要重点考虑的问题。英语互动教学模式通过创设教学情境来导出新课内容，能够激发学生的学习兴趣。例如，英语教师可以通过提问、设疑的方式创设问题情境，也可以通过设置游戏、角色扮演等方式创设游戏情境。英语互动式教学中的创设情境环节主要是教师与学生之间进行互动，虽然是教师创设情境，但学生才是参与情境的主体，教师对学生的思维和心理倾向具有引导作用，教师的主要目的就是激发学生的学习动机。

（二）自主学习

学生是学习的主体，自主学习是以学生为中心。虽然当前学校注重培养学生的自主性学习意识，但学生一时难以改变传统的学习习惯，自主学习意识并不强烈。在互动式英语教学过程中，自主学习是一个不可或缺的环节。互动式英语教学中的自主学习环节强化了学生的主体意识，使英语课堂教学变得更有吸引力，学生通过独立思考，在已有知识结构的基础上建构新知识，从而完善自身的英语知识体系，为展开合作学习奠定坚实的基础。需要注意的是，自主学习并不是完全脱离教师进行学习，并且自主学习的整个过程并非只有学习者一人参与，而是在强调集体学习的基础上，通过给予每个学习者理想的学习环境，最大限度地发挥个体的主观能动性的自觉、自主的学习。当学生在学习过程中遇到问题时可以向教师或同学寻求帮助。在英语互动式教学中引入自主学习的概念并将其运用到实践中，能够促使教师和学生理性地看待英语教学的目的和学生的学习目的，以获得最佳的学习效果。在信息快速更新的新媒体时代，单纯依靠课堂教学已经无法满足学生的学习需要以及社会发展的需要，对于每一个人来说，自主学习能力应该是必备的生存能力，自主学习意识应该成为全社会提倡的一种学习意识。

（三）合作学习

在一个班级中，为了更好地完成英语课程教学，教师可以根据学生的具体情况，将他们划分为多个小组，学生在各自的小组中分工协作，合作学习，共同完成教师布置的学习任务。在这一教学环节中，英语教师可以利用提问、模仿、对话、复述以及讨论等形式构建良好的外部语言环境，以帮助学生实现英语学习目标。英语教师应该充分考虑学生的切实需要，掌握学生的具体学习情况，并在了解学生学习需求的情况下，合理设置不同难度的英语学习任务，以满足不同学生的需求，使学生在合作交流中丰富英语知识，掌握英语技能。

学生在结束讨论之后，可以选出一个代表来发言，发表自己小组的研讨结论，从而达到锻炼英语口语表达能力的目的。学生通过与其他学生进行合作、交流，能够发现自己的优势与不足，取长补短。同时，学生的学习热情被激发，思维也会更加活跃，有助于学生创造性地完成学习任务。

（四）点评归纳

传统教学模式下的教学评价就是教师单方面地对整堂课的教学效果进行评价。在英语互动式教学模式中，学生也成为教学评价的重要参与者，这种模式下的教学评价形式比较丰富，有教师评价、学生自评、师生互评、生生互评，从多个方面对英语教学的效果进行评价。在英语教学中，教学评价要做到科学、合理、客观、公正、准确，只有这样，才能为教师教学、学生学习提供可靠的指导，调动广大师生的积极性，推动英语教学的发展。互动式英语教学模式注重学生个人主观能动性的发挥，强调培养学生的自主学习意识，基于此，教师需要掌握学生的自主学习与合作学习动态，以此为依据进行评价，并将评价结果及时反馈给学生，学生可以根据评价结果反思自己的学习行为，了解自己的不足，并调整自己的学习计划。需要特别强调的是，在评价过程中，教师要结合英语教学目标，针对英语教学的内容进行多元化评价。在传统线下课堂中，教师可以依据学生的课堂表现及时调整教学方式，同时合理评价学生的课堂参与度、口语表达能力以及交际能力。一般地，教师通常通过形成性评价与终结性评价相结合的方式客观评价学生的英语水平，这种混合式评价有利于激发学生的潜力。

（五）延伸拓展

传统教学模式中的教学资源主要来源于课本，并且教师设置的问题与练习也都是围绕课本进行的，学生面对单调的教材，往往会感到枯燥、无聊，这不仅无法激发学生的学习动机，还无法达到拓展学生知识面的目的。在英语互动式教学模式中，教师可以在互动过程中拓展课堂知识，并组织学生进行讨论或者辩论，还可以围绕拓展内容设置测试，帮助学生巩固知识，使学生的视野更加开阔，同时培养学生的逻辑思维能力和英语知识实际应用能力。

英语互动式教学并不局限于课堂互动，也可以延伸到课外。课堂教学与课外活动相结合，不仅有利于获得良好的英语教学效果，还能培养学生的自主学习意识和良好的学习习惯。与课堂活动不同，学生在课外活动中并不受教材范围、时间、空间和教师倾向的限制，在选择课外活动内容与形式时具有独立性和自主性。需要注意的是，英语互动式教学模式中的课外活动并不是完全随意的，例如，在内容方面要讲究丰富性和新颖性，在形式方面要讲究灵活性和多样性。

综上所述，英语互动式教学的各个环节之间都具有严密的逻辑性，但是并不是固定的，教师可以根据实际教学情况与学生的学习需求进行灵活调整，使其在英语教学中发挥出最大的优势。

二、英语互动式教学实施的原则

（一）教师的角色定位原则

传统课堂中，学生的学习活动都是围绕教师进行的，缺乏独立思考。在英语互动课堂中，教师需要对自己在课堂中的地位有一个清晰的认知。教师在课堂中占有主导地位，对学生的学习活动起着指导和促进作用，学生是英语互动课堂的主体，一切教学活动都是围绕学生展开的。在英语教学中，教师要严格遵循角色定位原则，这样才能保证英语教学的有效性。

（二）学生的自我认同原则

在英语学习过程中，很多学生由于英语基础不扎实而害怕学习英语，甚至厌学，不愿意参与课堂互动，这就无法取得理想的互动教学效果。在英语互动教学中，学生要认清自己的主体地位，增强自我认同感，充分发挥学习的主观能动性，积极与教师、同学展开互动。教师应该在互动教学过程中多鼓励学生，从而帮助学生建立自信心，激发学生学习英语的兴趣和动力，以取得良好的互动教学效果。

（三）激发主体的参与原则

学生是课堂的主体，学生是否积极参与英语互动教学对课堂教学效果具有关键性的影响。① 因此，为了增强互动教学效果，学生应该积极参与课堂学习。教师要通过鼓励学生或者创设情境来激发学生参与英语学习的欲望，培养学生敢于质疑、大胆创新的精神。

第三节 英语互动式教学存在的问题与策略

一、英语互动式教学存在的问题

（一）学生英语基础水平参差不齐

学生的英语基础水平着参差不齐，这主要是因为这些学生来自不同的地方，而不同地方的英语教学水平存在着一定的差异，虽然能够进入同一所学校和专业的学生总成绩相差不多，但是英语单科成绩却存在着较大的差距，一些学生的英语词汇量匮乏或英语语法知识基础不扎实，因此导致教师在组织学生进行互动交流时，会出现因为学生英语水平参差不齐而导致互动效率低下的问题。②

（二）有些教师能力素质不高

在一些地方，从英语课堂教学现状来看，有的英语教师专业能力素质不是太高，有的教师学历较低，有的教师教学经验不够丰富，无法对课堂教学进度

① 梁雪玲. 互动式教学模式在大学英语教学中的实施原则及策略［J］. 民族高等教育研究，2016（6）：35.
② 高桂贤. 互动式教学法在大学英语教学中的应用［J］. 新教育时代电子杂志（教师版），2020（47）：46.

和学生变化进行很好的把握。有的英语教师在教学实践中，对英语口语能力和听力不够重视，这方面的教学就比较薄弱，在一定程度上影响了整体教学质量和效率的提升。有的教师教学方式缺乏合理性和有效性，创新能力不强，教学方式单一、死板，无法有效地调动学生的学习兴趣。

（三）学生的英语发音存在口音问题

许多来自不同省份的学生拥有着不同的口音，这些口音会对学生的英语发音产生影响。这就会导致学生在开口说英语时，会因口音问题导致发音不标准，因此与其进行沟通交流的人便难以听清楚甚至听不懂其所表述的内容，出现了一定程度上的沟通障碍。

（四）教学氛围较为沉闷、缺乏探究性

有的教师教学观念滞后，仍然沿用过去传统的教学模式，只以提升学生成绩为目的，布置大量的作业，课堂教学气氛沉闷、缺乏生气，学生多是被动接受，严重缺乏学习主动性、探究性，学生普遍兴趣不高，容易产生排斥心理，影响了课堂教学效率。此外，在英语课堂教学中，还存在教材挖掘不够、实践活动较少、缺乏分层教学等问题，对此必须进行有效解决，大力实施互动式教学法。

二、英语互动式教学的策略

（一）合理科学分组

互动式教学强调师生、生生互动，把学生作为教学主体，教师发挥主导作用。学生已经具有一定英语基础，且自控能力较强，因此，教师在教学过程中要敢于主动放手，使学生成为学习主体，积极主动地投入英语学习中。在互动式教学中，教师要对学生进行科学合理的分组，促使学生间的互动交流，为学生建立长期的交流互动机会，强化学生长时间的互动合作，加强学生间的配合互动，推动互动式学习的开展。英语教师在分组时，不能只按位置分组，要充分了解学生的学习能力和个性特点，确保每组学生能力相当。教师要科学确定每组人数，小组人数过多容易发生观点难以统一的情况，影响小组合作学习的效果，通常来看，小组人数以不超过六人为宜。此外，教师要对学生进行合理分层，让每组都有不同层次的学生，设计分层教学目标，使学生得到充分发展。互动式教学的主体是学生，老师不要过度干预，要提升学生的自制能力，选择一名综合能力强的学生担任小组长，组织好小组合作学习，提升教学质量和教学效率。

（二）创设互动教学环境

英语作为一门语言学科，其教学效果在很大程度上取决于教师与学生、学生与学生之间是否存在良好的互动关系，良好的互动关系体现在宽松的教学环境中，因此宽松的教学环境对互动式英语教学的教学效果有着重要影响。英语互动式教学的环境分为课堂环境和课外环境两个方面，教师在开展互动式教学时，要注意对这两种教学环境的打造。

在课堂教学环境方面，教师要根据既定的教学计划来开展教学活动，借助多媒体手段或者以小组讨论的方式创设互动教学环境。通过互动式教学，学生能够发现自己的不足并改正，教师也要及时修正教学过程中存在的问题，完善教学方案设计。良好的课堂氛围能够促进学生自主探究能力的发展，使其形成正确的思维方式，从而更好地适应社会需求，提高综合素养。另外，有效的课堂互动教学可以为学生提供更多参与互动式教学的机会，教师与学生之间的交流不再是机械式的问答，而是知识与情感的交流。

在课外教学环境方面，英语教师要积极组织内容丰富的课外活动，如英语演讲比赛、英语歌唱比赛、英语科普讲座等，为学生创设良好的交流与沟通环境。例如，在举办演讲比赛时，学生会有更加强烈的学习动机，在课堂上会认真了解英语相关知识，在课余时间会主动收集各国的风土人情、饮食特色、社会习俗等方面的内容，并且会积极向教师请教，扩充自己的英语知识储备，从而全方位提升自身的英语水平。由此可见，这种互动式英语教学法有助于激发学生学习英语的主观能动性，为学生学习英语提供源源不断的动力。

（三）开展多样活动

英语教育者应该重视培养学生对英语知识的应用能力，让学生在实践中提升英语实践水平。教师可以为学生打造英语交流环境，鼓励学生使用英语进行交流；也可以为学生播放英剧、美剧，让学生通过看剧来了解英语国家人们的口语表达习惯、生活习惯、社会习俗等；还可以邀请本校留学生担任英语口语教学助教，让学生在与留学生的现实交往中感受他们的发音习惯、表达习惯以及生活习惯等，潜移默化地提升自身的英语水平。[①] 除此之外，英语教师还要重视英语国家文化的教学，可以与学校社团合作举办校园文化活动，如感恩节

---

① 宋鑫婧. 试论大学英语教学中互动式教学法的应用 [J]. 科教导刊, 2015（24）：18.

活动、圣诞节活动等，让学生亲身体验英语国家的文化习俗，感受英语国家的文化氛围，加强学生与英语知识之间的沟通，以增强对英语知识和英语国家文化的理解和感悟，促进其英语学习。

（四）提倡因材施教

语言是人类最重要的交际工具，人类的语言能力是在社会交往中不断发展的，在互动环境中，人类语言能力的提高速度比单独学习语言时的提高速度更快，由此可见，利用互动式教学法进行英语教学，符合学生的身心发展规律，有助于取得良好的教学效果。① 因此，在使用互动式教学法教学时，教师首先要分析每一个学生的个性与学习特点，对学生的学习情况有一个清晰的了解，根据学生的实际学习情况和教学情况来选择合适的教学方法，制定科学的教学计划，注重学生的独立思考能力和语言交际能力，既要面向全体学生展开英语基础知识与技能教学，又要全方位地考虑学生的个体差异，做到因材施教，帮助学生找到适合自己的学习方法，激发学生的想象力和创造力，鼓励学生自主获取、分析、内化、探索知识，实现自身的全面发展。对于基础薄弱的学生，英语教师要善于发现他们的闪光点，增强他们的自信心，注重基础知识与技能的培养；对于基础扎实的学生，教师可以引导他们展开探索学习，鼓励他们进行创新。

（五）采用任务教学法

互动式教学法的优势在于学生能够在互动过程中学习到适合自己的英语学习技巧和方法，并且学生之间也可以相互合作，相互鼓励，共同完成教师安排的学习任务，提升英语水平。在传统的课堂中，教师往往使用单一的教学方法或手段进行教学，无法充分调动学生的学习积极性，往往只有事倍功半的教学效果。任务教学法就是教师以任务为中心组织教学，让学生在完成任务的过程中充分发挥学习的主观能动性，实现知识的获取、感知、内化与应用，从而全方位提升英语水平。任务教学法是互动教学过程中一种重要的教学方法，它可以激发学生对英语课的兴趣，提高其自主学习和合作探究的意识。例如，英语教师在开展英语口语与听力教学时，将学生分为若干个小组，然后设置一个交流任务，让学生完成组内讨论，最后选出代表来发表本小组的观点。通过任务训练，学生的学习兴趣大大提高，会将注意力集中在教学内容上，从而获得良

---

① 俞柳英. 高职高专院校英语教学中情感策略应用探索［J］. 科教导刊（下旬），2018（12）：29.

好的学习效果。

（六）科学合理评价

一堂高质量的英语课，除了教师教和学生学之外，还有一个关键的环节就是评价。及时客观、科学合理的评价，能够加深学生对知识的印象和理解，帮助学生寻得更加适合自己的学习方法，提升其学习能力。英语教师应用互动探究教学法开展教学，可以大大提升英语课堂的教学质量。在应用互动教学法初期，学生对此教学法会感到陌生，不了解互动的具体方法，这个时候英语教师要对学生进行合理科学的评价，就可以促使学生找到互动的良好方法。一方面，英语教师要评价小组合作学习结果，主要涉及合作完成的效果、组长职责完成等情况，还要指出学生在互动中的问题，让学生了解到自己的不足之处，对问题进行有针对性的改正。另一方面，英语教师还要切实转变评价主体，指导每一组学生开展好自评、互评活动，教师要引导学生开展自我反思，确保尽快、准确地找到互动的方法。

第四节　互动式教学在英语教学中的应用

一、互动式教学在英语听力教学中的应用

（一）选取合适的教学材料

听力教材是开展听力教学的关键，所以英语教师在进行听力教学时要为学生选择合适的听力材料，具体要求如下：一是不能脱离教学目标和教学内容，保证听力教学的有效性。二是选择学生感兴趣的内容，同时保证听力材料的多样性，这有助于让学生保持学习热情。三是听力材料要与学生的听力水平相适应，既不能选择太难的听力材料，避免学生产生畏难情绪，失去学习的积极性；又不能选择太简单的听力材料，避免学生在听力课堂上感到枯燥无聊，失去学习英语听力的兴趣。四是选择具有创造性的听力材料，培养学生的独立思考能力、自主探究能力和创新能力。

（二）采用多媒体辅助

随着多媒体技术的不断发展，单纯依靠语言沟通交流已经无法适应自主学

习的要求，多媒体技术可以为教学方法提供多种可能性，教师可借助多媒体手段或者在多媒体的启发下探索更多新的英语教学方法，例如，教师可以将知识以文字、图片、音频、视频等多种形式呈现出来，使知识更加直观具体。同时，通过多媒体技术，教师可以丰富知识内容，拓展学生的知识面，给学生留下更多的想象空间，有助于培养学生的创新思维能力。

在英语听力教学中，教师可以利用多媒体开展情境化教学，通过刺激学生的感官来提升学生的英语听力水平。教师可以为学生选择一些适合英语课堂教学的视频，让学生观看完之后进行模仿，甚至可以通过教师自己的表演呈现视频内容。教师除了在课堂上开展听力教学之外，还可以充分利用各种课外活动来激发学生的学习兴趣，使学生的知识获得巩固，使学生能在课外活动中对所学知识有新的思考。多媒体技术为学生营造的是文字、图像与音频等相结合的、生动的学习环境，这种环境能激发学生的学习欲望，能更好地开展英语学习活动。例如，英语角、英语演讲比赛等传统英语课外活动一般对场地与设备的要求并不高，是比较容易组织的，将多媒体技术应用在这类活动中，有助于提升学生的英语听力水平和学习能力。同时，借助多媒体技术，学生能突破时空限制，与以母语为英语的人进行交流，在交流过程中就能提升自己的英语听力和口语水平，甚至还能掌握更加地道的英语。

（三）相互尊重、情感交融

在英语听力课堂中，教师与学生之间的交流互动至关重要，只有当教师与学生之间实现有效沟通，学生才能更好地掌握知识与技能。教师与学生的有效沟通是以良好的师生关系为基础的，而良好师生关系的建立与保持需要教师与学生的共同努力。如果师生关系不和谐，那么教师的授课内容再好，也无法让学生产生共鸣，更谈不上取得良好的教学效果；相反，如果能让学生们感到轻松愉快，就会使他们对学习英语产生浓厚的兴趣。教师与学生之间要相互尊重，教师要认清自己在课堂中的地位，尊重学生的主体地位，围绕学生的学习兴趣和学习需求开展教学活动。同时，教师还要善于发现学生的闪光点，多鼓励、表扬学生，帮助学生树立学习英语的信心，激发学生的学习动机，让学生对英语产生浓厚的学习兴趣。教师还要注重创设轻松、和谐、愉悦的课堂氛围，如可以通过设置游戏情境、开展小组活动、角色扮演等方式来调节课堂氛围，也可以适当地利用一些幽默风趣的语言来提高课堂教学效果。另外，英语教师还要关注学生的个体差异，因材施教，如在设置课堂问题时，教师要考虑到不同学习水平的学生的学习能力，尽可能激发全体学生学习的主动性。

二、互动式教学在英语口语教学中的应用

（一）课堂问答

互动式教学在英语口语教学中应用的一个重要体现就是课堂问答，就是以教师与学生互问互答、学生与学生互问互答的形式开展英语口语教学。虽然口语在英语考试中占的比例较小，但是口语在社会交往中具有重要地位，因此英语教师要重视口语教学，在英语口语教学过程中多为学生提供训练口语的机会，构建和谐的英语对话语境。教师可以在课堂上设置问题情境，帮助学生理解英语知识，引导学生深入探究知识内容，激发学生的想象力，充分发挥学生的主体作用。另外，教师还要鼓励学生敢于质疑、发现问题，学生通过质疑能够产生浓厚的学习兴趣，增强自信心。

（二）小组讨论

在英语教学课堂中，教师是学生学习的指导者和促进者，教师应该为学生创造多样化的课堂活动，如小组讨论。小组讨论就是教师在课堂中对学生进行分组，让学生通过小组讨论或者课堂汇报的形式向教师与同学展示自己所学的内容。这种教学方式打破了传统教学中单向的英语教学模式，学生可以与教师、同学进行互动，成为课堂的主导者，这不仅有利于提高教师教学的积极性，还有利于提高学生学习的积极性，教师与学生、学生与学生之间互动的增加也有利于促进教师与学生以及学生与学生之间的情感交流，有利于营造和谐的英语学习氛围。通常，在英语口语课堂中，教师会设置一个教学主题，让学生围绕主题展开小组活动，进行小组讨论，并在讨论结束之后进行发言，学生可以直接口头陈述，也可以将发言内容制作成 PPT 进行讲解，教师对学生讲解过程中出现的发音、语法等错误进行纠正，以提升学生的口语水平。在划分小组时，教师要注意小组成员的优势互补，尽量不要出现强强联合的情况，这样才能使基础较差的学生通过小组学习获得进步与成长。

（三）师生互动、情感交流

英语教学过程是教师与学生、学生与学生之间进行交流互动的过程，在英语教学活动中，教师与学生之间具有合作关系。正是这样的一种关系，不仅让教师在教学方面表现出了积极性，而且使学生在学习方面也表现出了积极性，同时，在教学过程中，教师与学生也会处于共同协作的状态。由此可见，师生

之间的情感交流对英语教学具有重要影响。在课堂上，教师要根据教学主题设置教学任务，与学生一起以互动的形式来完成教学任务，同时，教师要了解学生的学习情况，把握学生的学习状态，坚持情感教学原则，不要随意批评学生，给学生施加太大的学习压力。教师要根据学生的特点有针对性地制定教学计划，为学生创造更多参与英语课堂教学活动的机会。在课堂外，教师还要了解学生的生活情况和心理状态，如了解学生的日常生活，也可以向学生分享自己的生活经历，缩小与学生之间的心理距离，增强学生对教师的信任，实现高效的互动式教学，取得理想的英语口语教学效果。

（四）趣味互动活动

学习兴趣在英语学习过程中发挥着关键作用，只有具有学习兴趣，学生才能以更加积极的态度投入学习，发挥主观能动性，在学习中遇到困难时，也才能从容应对。教师在学生学习中起着不容忽视的作用，因此，教师也应当认识到兴趣的重要性，在教学中加入学生感兴趣的内容，为学生学习创设良好的氛围，从而建立学生学习英语的信心，激发他们学习的主动性与积极性。例如，教师可以借助多媒体技术，丰富英语教学的内容，采用多元化的方式呈现英语知识，增添课堂教学的趣味性，从而促使学生转变学习态度。学生可以通过观看电影或者短剧，学习地道的英语发音，借助曲折的故事情节以及优美的音乐感受英语文化以及英语的语言魅力，从而提升英语口语学习的兴趣。通过各种互动趣味语言活动，学生的学习兴趣被激发，注意力集中，思维也会更加活跃，学习的质量与效率也就会有所提升。另外，学校还可以利用网络资源构建线上英语交流平台，使学生能够有更多的机会进行口语会话交流。

三、互动式教学在英语阅读教学中的应用

（一）教师与英文文本的互动策略

英语阅读活动是由教师组织的，并且是在教师的引导下进行的，因此，要想使阅读教学取得良好的效果，教师首先应该增强与英文文本的互动。教师与英文文本的互动是指教师要能够解读英文文本、加工英文文本、质疑英文文本。

首先，在英语阅读教学中，教师要解读英文文本，全面掌握英文文本的内容和涵义，并且能够灵活运用。教师只有先将英文文本融入自己的知识结构中，才能游刃有余地开展阅读活动，引导学生与英文文本互动。

　　其次，教师在全面解读英文文本的基础上，还要结合实际教学要求对英文文本进行加工。这是因为有些英文文本的年代久远，又或者与教学内容并不是完全契合，但其又具有难以替代的教学功能，此时，教师就应该对英文文本进行适当加工，使其符合教学要求，满足学生的学习需求。教师对英文文本的开发主要体现在及时补充和灵活处理英文文本内容，使其符合英语阅读教学要求。教师对英文文本进行加工的意义在于既能够保留英文文本的原有价值，使其在阅读教学活动中发挥教育作用，又能够跟上时代发展的潮流，与学生的实际需求保持一致，对学生英语阅读能力的提升发挥实质性的作用。

　　最后，教师要敢于质疑、敢于批评英文文本。英文文本是由专业人员编写的，难免会出现一些主观性错误或者失误。英文文本中的错误可能体现在语法错误、拼写错误、插图错误等多个方面，这些都需要教师在阅读教学过程中多加注意并及时纠正。英语教师要具有批判精神，善于发现英文文本中存在的问题并及时纠正，保证英语阅读教学中所使用的英文文本的正确性。如果教师能够正确把握这些错误并及时纠正，那么英文文本就能在课堂上发挥更大作用，让学生获得更好的英语学习体验。

（二）学生与英文文本的互动策略

　　学生在教学活动占有主体地位。在英语阅读教学中，学生也要在阅读实践中与英文文本展开互动，这是阅读教学的关键所在。因此，英语教师要为学生提供一定的时间与空间，让学生自主探究英文文本，与英文文本展开深入的交流，促进英语阅读活动的高效进行。

　　首先，教师要解放学生的个性。虽然学生还处于学习知识的阶段，但是学生具有巨大的学习潜能，教师不应该用英文文本限制学生的思维活动，而应该鼓励学生展开想象，自主探究英文文本，发散学习思维。英语教师可以围绕英文文本中的某一个观点设置问题情境，向学生提问或者组织学生展开讨论，推动学生积极思考英文文本，使学生在讨论过程中实现信息的多向交流，打破思维定式，加深对英文文本的认知与理解。

　　其次，鼓励学生实现心灵互动。学生是阅读活动的主体，教师不应该过度干涉学生的阅读实践，而是应该激发学生学习的主动性，让学生在主动、积极的状态中阅读英文文本，感悟英文文本所蕴含的思想感情，获得审美享受。英文文本蕴含着丰富的内容和涵义，所以学生在解读英文文本时，思维不应该被教师的分析所固定，而是以个性化、开放式的思维来探究英文文本。在阅读教学过程中，英语教师要帮助学生与英文文本建立一定的情感联系，让学生走进英文文本，体会作者的思想感情。

最后，让学生敢于对英文文本提出疑问。从本质上讲，学生的阅读过程就是学生与英文文本进行互动的过程，学生通过教师指导、自主阅读、提出问题、肯定或否定英文文本、调整英文文本等方式来对英文文本提出问题。作为英语教师，在阅读教学过程中应该鼓励学生独立思考，敢于质疑英文文本。另外，教师应该尊重每个学生的阅读习惯，给学生提供自由宽松的阅读环境，促使学生全身心地投入英文文本阅读，展开深入的思想探讨，这样有助于学生在原有知识的基础上建构新知识，实现知识与能力的双重发展。

（三）教师与学生之间的互动策略

实际上，教学过程就是教师与学生之间的互动过程。在传统的教学模式中，很多课堂沟通都是教师与学生的单方面沟通，教师主导交流内容，学生只是被动地倾听。但是在互动式教学模式下，教师要实现与学生的有效沟通，可以以互动的形式，让学生释放压力，展示自己，发挥学生的主体作用。

首先，教师要树立师生平等、民主的观念，尊重学生的主体地位，允许学生自由地发表自己的见解和观点，即使学生的观点不正确，教师也不要打击学生的自信心，而是对学生进行纠正、鼓励和引导。另外，教师也要让学生感受到认同感，认真倾听学生的独特见解，并对学生的见解及时给予评价，让学生获得被重视的感觉，增强其参与英语阅读活动的体验感和参与感。

其次，在课堂教学中，教师可以设置问题情境，以问答的形式提升学生的课堂参与热情，锻炼学生的临场反应能力，同时对学生的课前预习情况有一个整体了解。在这个过程中，学生要学会主动沟通和交流，以便教师能准确把握学生是否存在理解上的偏差，是否真的掌握相关知识内容。在讲课过程中，教师要善于运用教学语言，如口语、眼神、表情、手势、站姿等。在口语表达方面，教师在讲授重难点问题时要放慢速度，保持与学生的交流，同时也要把握细节，让学生在细节中领悟英语学习中的重难点；在眼神方面，教师要用亲切自然的眼神看学生，以消除学生对教师的恐惧感以及学习英语的紧张感；在表情方面，教师在保持严肃的同时也要适当温柔，避免课堂氛围过于紧张；在手势、站姿等方面，教师要尽量保持自然舒适。

最后，教师不仅要对每名学生的学习情况了如指掌，还要与学生进行情感沟通，拉近与学生的心理距离，增强学生对教师的信任，建立和谐的师生关系，优化英语教学情感氛围，这样才能促进英语教学活动的开展，取得理想的教学效果。

四、互动式教学在英语写作教学中的应用

（一）写作前

写作前是第一个阶段，即准备阶段。这个阶段主要有三个任务：划分小组成员并定主题、收集资料、学习基本的写作技巧。在这个阶段，教师要充分发挥主导作用。首先，在正式开始写作之前，教师要先明确写作主题，写作主题既要与现阶段的教学目标相一致，也要与学生的学习和生活具有一定的关联性，这样学生才能写出文章。另外，写作主题不能太难，否则不利于学生独立完成，也会打击学生的自信心；写作主题也不能太容易，否则会让学生感到枯燥。其次，教师要将学生分为若干个小组，小组内的每位成员都承担一定的职责，为了方便学生之间进行交流，教师可以灵活调整学生的位置，释放更多的交流空间。再次，学生可以通过小组讨论、阅读范文等方式收集写作素材，厘清写作思路。最后，学生在讨论交流过程中可以借鉴其他同学的写作方法，或者学习教师传授的基本写作技巧。

在互动式教学模式下，教师在写作前可以利用多媒体设备向学生讲解相关写作知识，例如体裁的类型、特点以及写作要求等，启发学生进行讨论交流，使其充分认识写作主题，提高语篇分析能力。学生也可以利用互联网搜集与写作主题相关的网络资源，了解该体裁的写作风格。英语写作的体裁涉及广泛，如议论文、说明文、记叙文、书信、实验报告等，虽然不同体裁具有不同的写作方式，但总体上可以分为四种类型，一是一般特殊型，二是问题解决型，三是匹配比较型，四是设定真实型。如果学生能够全面掌握这四种类型的语篇模式，那么在实际写作过程中就可以做到游刃有余。

总之，在写作前阶段，英语教师要明确写作主题，帮助学生分析不同体裁的特点，丰富学生的英语知识储备，降低学生的英语写作焦虑，为下一步展开英语写作奠定良好的基础。

（二）写作中

写作教学的第二个阶段就是实际写作阶段，实际写作又可以分为三个环节：一是打草稿；二是评价修改；三是重写。这三个环节是一个有机整体，缺一不可。第一，在打草稿环节，教师要有意识地摆正自己的主导地位，尊重学生的主体地位，引导学生围绕写作主题展开思考，进行互动，激发学生的写作参与意识，帮助学生在众多写作材料中选取有价值的信息，让学生写出初稿。

第二，在评价修改环节，教师首先要明确评价标准，并且根据教学过程中学生的实际情况灵活调整。教师在必要时给予修改意见，可以通过示范的方式让学生明白评价标准，学生根据评价标准进行有意义的修改。写作修改是一项非常复杂的工作，评改方式也有很多，例如自我修改、同伴互改、小组评改等。通过这些方式，不仅可以提高学生的写作水平，而且还有助于培养学生的合作精神与创新意识。第三，完成评价修改之后，学生需要根据修改意见重写。

（三）写作后

学生完成写作之后，教师要及时收集学生的写作内容，检查写作质量。教师要对学生的互动活动给予反馈，根据学生互评的结果，从语言、内容、结构三个方面对互评中出现的问题进行讲评，帮助学生分析形成这些问题的原因，并提出有效的解决办法，提升学生的写作水平。需要注意的是，教师要尽量以和蔼、鼓励的态度对学生的文章进行评价，从而帮助学生认识自己的不足，促使学生对英语写作建立起自信心，提高英语写作能力。

课后反馈是教师与学生进行互动交流的重要方式。通过批阅作文，教师能够及时发现学生在语法、表达、结构等方面存在的问题，从而更好地引导学生提升写作水平。在互动式英语写作模式中，如果学生在写作过程中存在疑问，可以在文章中标注出来，教师在批改时就可以有针对性，为学生答疑解惑，提出建设性意见，并在完成批改后将批改结果及时反馈给学生，学生根据教师的意见进行修改。这一过程可能会重复出现几次，直到得到一篇理想的文章。需要注意的是，课后反馈的方式多种多样，教师需要选择合适的方式，例如，如果学生的文章普遍存在某一个问题，教师就可以选择在课堂上统一解答；如果只是个别学生的文章存在某一个问题，教师可以单独对该学生进行指导。另外，教师在反馈时，还要注重反馈的细节性和全面性，既要注意词汇、语法等细节上的错误，又要注意文章结构、思想表达等方面存在的问题。此外，教师应鼓励学生大胆质疑，通过提问来培养他们的独立思维能力及创新意识，从而提高其写作能力。

五、互动式教学在英语翻译教学中的应用

（一）课前互动

要想使互动式教学在英语翻译教学中发挥出最大作用，英语教师首先要改变传统的教学观念，认清自己在教学活动中的角色，只有建立在这个基础上，

才能创设出合理有效的课堂教学设计。第一，在英语翻译教学正式开始之前，教师首先要对学生有足够的认识，与学生建立一种良好的师生沟通关系，对学生现有的知识水平与学习预期有一个清晰的了解，据此制定相应的教学计划，保证不同层次的学生都能得到发展。第二，教师要合理安排学生在课前需要预习的内容，让学生通过预习对课堂教学内容有一定的了解，以便更好地展开课堂互动。例如，英语教师可以在互动式教学模式中引入支架式教学，为学生设置一些支架式的问题，让学生在课前认真预习、思考、讨论，为课堂翻译教学活动的展开与知识体系的建构奠定基础。

（二）课堂上的互动

在英语翻译课堂中，互动主要以两种形式进行，即教师与学生之间的互动、学生与学生之间的互动。第一，教师与学生之间的互动主要是指教师与学生之间的问答，有效提问是实现良好互动的基础。所谓有效提问，就是教师在讲课过程中需要有的放矢地向学生提出有关教学内容的启发性问题，从而激发学生的学习兴趣，促进教学活动的开展。学生根据教师提出的问题深入思考，并做出回答。教师需要对学生的回答进行评价，明确学生回答中的正确之处，同样指出回答中存在的问题，并给出正确答案。总之，教师与学生之间要展开积极的互动，营造良好的课堂教学氛围，以收获理想的教学效果。第二，学生与学生之间的互动主要是指小组讨论。小组讨论就是以一定的学生群体为单位，在学生的共同讨论中进行的教学活动。小组讨论在开展互动式教学中具有十分重要的意义。在英语翻译教学过程中运用小组讨论法，开拓了小组成员的思路，他们可以从不同角度来分析问题并提出见解，然后发表各自的观点并展开讨论，最后得出结论，有效完成整个学习活动。教师要善于运用多种教学方法激发学生的兴趣，让学生积极主动地投入课堂活动，同时也应注意及时评价学生的发言情况，并且把评价结果纳入到学生的平时成绩中，以此调动全体学生参与课堂教学的积极性，从而实现英语课堂中师生之间、生生之间的高效互动。

（三）课外的互动

翻译教学的目的就是使学生能够将课堂中学到的翻译知识运用到实践中。教师要充分发挥信息化教育技术的优势，利用多媒体技术和网络技术辅助英语翻译教学。第一，教师可以利用微信、QQ 或者线上教学平台给学生布置翻译任务，让学生以小组合作的方式完成翻译任务，小组成员进行讨论，交流心得，最终得出结论。教师对学生的结论进行评价，给出指导意见。这一过程与课堂讨论的做法相同。第二，教师可以在个人网站上发表自己对翻译实践的感悟，让学生领会，鼓励学生提出疑问，加强与学生之间的交流沟通。在这个沟通过程中，学生能够加深对翻译实践的理解并积极展开翻译实践，从而锻炼翻译能力。第三，教师可以在线上教学平台中定期分享一些翻译知识和翻译方法，也可以向学生推荐一些有助于提升翻译水平的书籍，帮助学生建立起自己的翻译知识体系。

第五章　英语多模态教学

多模态的教学模式强调语言教学与其他非语言教学相结合，如与配合图像教学、配合声音教学、配合动作的应用或者采取多模式共同参与教学。将多模态教学模式应用到英语教学中，既可以增强英语课堂的趣味性，又可以借助数字网络的优势使英语教育焕发生机。本章主要对英语多模态教学的相关知识进行系统论述。

第一节　多模态理论

一、多模态的相关概念

（一）模式

模式是指有组织、有规律的表达和交流方式，不仅包括静止的图像、手势、姿势、言语、音乐、书写等基本形式，也包括由上述基本形式构成的新的形式。① 根据社会符号学理论，模式不仅指表达和交流信息的方式，也指传递信息的符号渠道。在系统功能语言学研究中，模式也用来指话语模式，媒体是话语模式的表现载体，使用不同的媒体可以表现出不同的交流模式，信息的流动和话语特征也会受到不同模式的影响。以教师讲课为例，教师可以一边播放 PPT 课件，一边口头讲解，一边在黑板上补充板书，甚至配以动作示范，实际上这就是同时使用了言语、手势、姿势、动作、板书、电子等多种交际模式。可见，模式的概念侧重于信息生产的过程和方式，是具有意义潜势的符号资源。

---

① 罗桂莲 . 基于多模态话语的英语教学模式研究 ［M］. 南昌：江西科学技术出版社，2016.

（二）模态

模态在本质上就是一种属性或情形。模态需要借助一定的模式与方式加以表现。模态是在人们的交际活动中产生的，从媒体方面来讲，媒体的信息表达就表现为模态。模态是一种话语模式，其作用在于能够被信息接收者所感知。根据学科的不同，模态具有不同的划分标准。从系统功能语言学和社会符号学的角度分析，人们之间进行交流需要借助具有意义潜势的符号，这些符号就涵盖了多种模态。[①] 在认知科学领域，将人类的感知通道作为分类标准，模态被分成了几种不同的类型，即触觉、听觉、嗅觉、味觉等。在研究模态时，可以结合微观与宏观两个方面来进行。从微观的角度来看，模态被看作是一种符号资源，即是媒体在信息表达过程中产生的结果。例如，课堂上学生的阅读行为，从感知通道角度分析是一种视觉模态，但从符号资源角度分析还可以细化为具有意义潜势的图、文两种模态。随着多模态研究的深入，国内外学者从多角度界定和探讨模态，例如，根据表达媒体的性质，把模态划分为物质模态、感觉模态、时空模态和符号模态。

（三）多模态

所谓多模态，实质上就是一种语篇形式，是通过对多种模式的符号资源进行整合而形成的。[②] 从人类感知通道角度而言，拥有两种或者两种以上的模态才能被称为多模态，人们需要借助多模态完成日常交往活动，所以多模态广泛存在于人们的日常生活中。在英语教学过程中，学生需要调动视觉和听觉，一边看教师板书，一边听教师讲解。教师板书时是手势、书写模式，与学生的视觉模态相对应；教师讲解时是言语模式，与学生的听觉模态相对应。这里需要明确的是，不同的模态按照不同的划分标准，其所属的模态种类也有所不同，应当根据具体的情况对模态的类别加以明确。

二、多模态理论的媒介系统

所谓媒介，就是一种工具或物质，在人们感知外界事物时被使用。媒介本身只是一种载体，是没有任何意义的，只有通过形式表达才能让媒介具备一定的意义。多模态话语分析理论的媒介系统具有多种类别，分类标准不同，其类别项目也不同。从有无声音和言语角度而言，多模态话语分析理论的媒介系统

---

① 郭万群. 大学英语多模态课堂教学研究 [M]. 上海：上海交通大学出版社，2015.
② 刘俊杰. 新媒体与大学英语教学的融合及应用探究 [M]. 北京：北京工业大学出版社，2019.

可以分为两大类：一类是语言媒介；另一类是非语言媒介。

（一）语言媒介

从传统语言学角度出发，语言传播的媒介主要有声音符号和书写符号两种类型。这两种媒介在语言传播信息的过程中发挥着重要作用。随着科学技术的发展，语言媒介发展出更多的形式，如以手机、电脑、平板为代表的移动终端，既可以输入文字，也可以识别语音，但是归根结底，这些媒介仍是以声音或字符的形式传播信息。这些语言媒介形式对语言意义的表达具有关键性的影响，因此要注意合理调节声音大小、音调、频率、语气以及字体大小、形状等。

（二）非语言媒介

非语言媒介是与语言媒介相对应的。所谓非语言媒介，就是一种非语言手段，如交际者在交际过程中所使用的肢体动作。非语言媒介分为肢体媒介与非肢体媒介两种类型。肢体媒介是指人们利用肢体动作所表达的媒体符号。交际者的肢体动作可以分为三种类型：一是头部动作，如眼神、表情、点头、摇头等；二是四肢动作，即手臂和腿的动作，如摇手、弯腿等；三是躯干动作，如静止、移动、摇摆等。① 非肢体媒介分为交际工具与交际环境两个方面。在现代科学技术的作用下，非肢体媒介种类变得越来越多样化，功能也越来越发达。例如，在英语教学中常用的投影设备、多媒体设备等都属于工具性的非肢体媒介，教学环境中的人、物、符号等都属于环境性的非肢体媒介。

第二节　多模态话语理论中各模态的关系

一、多模态组合关系

（一）共存特征

1. 语境一致性

语境一致性指文字和图像出现在同一个语境中。"同一个语境"又具有三

---

① 罗桂莲. 基于多模态话语的英语教学模式研究［M］. 南昌：江西科学技术出版社，2016.

种类型，即同一文化语境、同一情景语境、同一交际目的。所谓同一文化语境，就是文字、图像是在同一个文化语境中发生的，二者只有在特定目的下才会来源于不同文化。同一情景语境是指文字和图像发生在同一情景语境中，即同语场、语旨和语式。同一语场指不同符号指向同一事件，也就是说，它们表现同一个概念意义。同一语旨指不同符号（例如文字和图像等）被交际者共有，它们之间的关系一致。同一语式指文字和其他模态对语境的依赖性相同，它们有相同的交际渠道。也就是说，文字和图像处于同一事件中，共同体现该事件的意义，具有共同的交际者，并且对语境有相同的依赖程度，有相同的交际渠道。同一交际目的则是表明文字和图像共同完成同一个交际目的。虽然二者体现的方式、功能各有差异，但是二者的存在都是为了实现交际任务。语境的一致性在多模态语篇文体分析中非常重要，因为各种模态符号是为实现同一个交际目的而服务的，它们被视为实现同语篇的基础，能够排除不相关意义的产生。

2. 意义协同性

在多模态语篇中，意义协同具有两层含义。其一是意义的同指性，也就是在同一个语篇中，无论是哪一种模态，其目标必须是相同的。意义同指性的优点在于能够尽可能地减少歧义。其二是模态之间的互补关系，即一种模态提供重点信息，另一种模态进行详述、补充或强化。如果只是应用一种模态，是无法达到交际的理想效果的，因此只有借助其他模态对一种模态的补充或强化，才能满足交际的需要，加深对话语的理解。借助新的教学技术，各个模态能够完成协同合作，一起完成意义的构建。

3. 模态独立性

模态独立性指每种模态都是一个独立的体系，需要有不同的分析系统。虽然多模态语篇中的文字和图像等符号共建同一语篇，具有相同的交际目的，但是它们毕竟是不同的模态，拥有不同的词汇语法系统，所以需要用不同的分析方法。

（二）图文关系

多模态语篇是指利用多种符号来实现意义的语篇，图像和文字是其中最主要的两种模态，它们既相互独立，又相互协作，构成一体。而对于模态关系的研究，也多集中于对图像和文字之间的相互关系。① 总体来说，图文关系和相

---

① 张德禄，丁肇芬. 外语教学多模态选择框架探索 [J]. 外语界，2013（3）：23.

关研究可以分为三个类型：图文地位论，图文位置论和图文系统论。①

1. 图文地位论

图文地位论的代表人物是巴尔泰斯（Barthes），其锚定理论是最早深入阐述图文关系的理论。书籍出现以后，文字和图像就经常在语篇中同时出现。在新闻报刊这类多模态语篇中，文本、照片、标题、排版、说明性文字，甚至名称本身都能体现一定的意义。此外，图像和文字分属不同的系统，需要不同的分析方法，并提出图文之间具有三种关系：锚定关系、说明关系和中继关系。②

锚定关系指图像的意义比语言更加多重和漂浮不定。语言具有控制图像意义的功能，从而克服图像模态意义的不稳定性。例如，在多模态性的广告或新闻摄影中，图像具有更多的所指，不同的观众或读者可以从不同的角度解读出不同的意义，因此语言可以用于对图像的意义进行控制或者说限定图像的所指，使其所指可以锚定具体的意义。图文主要有两种关系：延伸关系和详述关系，其中延伸关系是指文字能够对图像的表达进行补充，使其具有一些新义；详述关系是文字和图像对同一个意义进行详述，两相呼应。

说明关系指图像可以解释或者实现语篇，是语篇的一种寄生性信息，科技性语篇中的图表和文字之间多属于这种关系。在这种情况下，图表虽然简述或者强调文字表述的内容，但多数是重新阐述，并没有较多其他的功能。

中继关系经常在对话中出现，通常由图像进行呈现，语言体现对话的内容。喜剧、漫画、动画等就常利用图文之间的中继关系。

巴尔泰斯关于图文关系的这种主张有其合理的一面，即能够用来解释多模态语篇中图像和文字之间的相互关系及其运行机制。例如，在关于古典文献的纪录片中，观众首先关注的是图片，然后才是解说词。这时，文字和图像之间是锚定关系。相反，在时政要闻类的影视节目中，话语信息首先出现，然后才是画面或者图像，这时文字和图像之间是说明关系。

但是需要强调的是，巴尔泰斯的研究也存在缺陷。他过于强调文字表意功能的独立性和图像意义的飘忽性，因此图像不能独立表达意义。然而在多模态语篇中，与语言一样，图像同样有其独立的结构和意义体现方式。在图文构成的多模态语篇中，有些意义只能由文字实现，而有些意义只能由图像体现，多数情况下意义是由文字和图像共同传递的。因此，文字和图像虽然作用方式不

---

① 曾方本. 多模态语篇里图文关系的解构及其模式研究：关于图文关系的三种理论评述 [J]. 外国语文，2010（4）：41.

② 胡永近. 多模态话语分析理论及其在外语教学中的应用 [M]. 合肥：安徽大学出版社，2018.

同，但是功能相同，地位也应该是平等的。

2. 图文位置论

不同于巴尔泰斯，克雷斯（Kress）和范李欧文（Van Leeuwen）强调图像本身具有独立的组织与结构，因此其与文字之间应该具有关联性的而非依赖性的关系。虽然图像和文字在人类文化的建构中都起到了重要的作用，但是建构方式不同。图像的再现功能和互动功能是由组篇功能来体现的。组篇功能主要通过对多模态语篇的整体或部分形成制约来实现，包括对图像内部各成分之间的关系和图文关系的限制。对于图文共现的多模态语篇来说，其限制主要由图文体现的信息在页面中的布局来实现，页面的位置会赋予相应的图像或文字特别的意义。构图功能主要由信息值、显著性和框架三种方式实现，但对视觉模态与文字模态的关联并未进行深入探讨。

3. 图文系统论

马丁（Martin）和萨尔韦（Salway）利用功能语法小句关系理论探讨了多模态语篇中的图文关系，从图文之间的地位关系来看，二者关系的实现方式与逻辑语义视角的实现方式不同，所以想要确定图文关系必须同时分析二者的地位关系和逻辑——语义关系。小句之间的地位平等可以看作并列句之间的关系，而图文之间的平等表现了图像与文本相互独立又相互依赖的关系。小句之间的不平等主要体现的是主句和从句之间的关系，其中主句是独立体，而从句依赖于主句。图文不平等是指图像只与部分文本相关，也就是说，图像依附于文本；或者相反，文本只与部分图像相关，即文本依赖于图像。

地位关系包括平等关系和不平等关系，前者分为图文相互独立和图文相互依赖，后者包括图像依附文字和文字依附图像。逻辑—语义关系包括扩展和投射，扩展又包括详述、阐释、例证、延伸和增强，投射则包括话语和思想。与小句之间的关系一样，图文关系的两个子系统也在同时进行选择，即地位关系与逻辑语义关系中的各子项分别构成各种不同的组合，构成一定的语篇模式。

二、课堂中多模态之间的关系

课堂教学话语是以多模态为特点的。多模态基本上分为五种：视觉模态、听觉模态、触觉模态、嗅觉模态和味觉模态。教师的话语在教学中属于主要模态，但是话语是抽象的，不能形成具体的、形象的且能够存留的信息，因此教学过程中还需要多种模态相互配合。在一般的课堂教学中，文字是话语的主要补充方式。

但是在科学技术飞速发展的今天，新技术能够为课堂教学提供更多的模态配合，各种模态之间相互协同，共同构建有意义的课堂教学。在研究各种模态话语形式之间的关系时，首先需要考虑的是人们使用多模态进行交际的意义是什么？是生理和心理的表现需求？还是因为多模态能更加充分地体现出交际者的实际意图？一般情况下，这两种情况可能都会涉及，但是最主要的原因应该是第二种，即一种模态不足以表达清楚交际者的意义，从而利用另一种进行强化、补充、调节、协同，使交际者能够更加充分、准确地表达其实际意义，使对方更容易明白交际者的目的。

从这一视角而言，多模态话语的作用就是要充分表达讲话者的实际目的。典型的多模态话语模式是指一种模态的话语不能充分表达其意义或者无法表达其全部意义，需要借助另一种模态补充，把这种模态之间的关系称为互补关系。在这种互补关系中，各种模态各司其职，通常其中的一种模态是基本模态，如语言，在多模态中具有基础的交际作用；另一种模态具有补充作用，补充可以是强化，也可以是补缺。强化是用一种或多种形式对基本模态的强化。例如，在英语课堂上，教师用图片和视频对语言教学进行强化。补缺是在两种模态缺一不可的时候，互相作为对方的补充，视觉和听觉就是一对模态组合。

非互补关系，是指其他模态对基本模态在意义表达上的作用不明显，但是依然可以作为一种模态进行意义表达。① 这种关系一般体现为模态交叠和语境交互的关系。模态交叠关系是两种或两种以上模态同时存在，相互之间却没有强化的关系：模态与语境的关系可能是积极的关系，也可能是消极的关系。语境交互关系是指在参与交际的过程中，所依赖的是交际者的交际目的和方式。因此，多模态性多体现在对情景依赖较强的交际中。②

三、多模态话语在英语教学中的协同关系

（一）在英语课堂教学中的协同关系

1. 课堂话语的意义建构

社会符号学及系统功能语言学的理论为多模态课堂话语分析提供了理论框架。在课堂教学中，语域的三要素在教学情境下分别投射为课堂教学内容、师生关系及课堂模态调用三个方面。布鲁姆（Bloom）的教学目标分类法为课堂教学内容提供了大纲性指导；符号资源之间的相互作用在实现语篇意义的同时也体现符号各自的概念意义，并构建人际意义；元功能理论为课堂教学中各符

---

① 姚永红.新媒体时代英语多模态教学模式架构［M］.长春：东北师范大学出版社，2018.
② 郑小娟.高校英语多模态课堂教学研究［M］.北京：国家行政学院出版社，2018.

号间相互作用的研究提供了分析工具，学生在识解符号资源相互作用中完成意义建构。意义建构是基于已有经验对现实的识解，是学习者个体建构与社会协商的结果。

鉴于其他模态具有与话语模态相近的作用，因此要对多模态进行系统描述，对多模态交往过程形成的结构进行分析与研究。首先要研究的是语言系统中的词汇和语法，多数语言的词汇和语法系统都能得到系统的研究与描述。

2. 英语多模态课堂

（1）英语多模态课堂中的要素。教师、学生、教学内容以及教学媒体是构成课堂教学的四要素。这四个要素对于课堂教学来说缺一不可。在课堂教学过程中，教师利用教学媒体，将教学内容传授给学生，学生是学习的主体，教师是课堂的主导，各个要素相互影响与制约，使教学具备了特殊的意义。在教学过程中，如何利用多模态使课堂四要素的功能得到充分发挥，是值得英语教育者思考的问题。

（2）英语多模态课堂中的角色建模。角色建模有着自身独特的视角，即社会协作视角。从这一视角对角色以及角色模型进行分析，旨在对角色进行完整的分析和描述。角色建模主要是针对角色在某一系统中的位置或者角色在某个系统中所需要承担的责任的分析以及与系统中其他角色之间存在的关系或交互行为。

角色建模涉及的内容十分广泛，不仅包括人的角色，还包括非人的角色。人的角色在课堂教学中起着重要的作用。通常情况下，教师与学生是人的角色的重要组成部分。非人的角色也是课堂教学不可缺少的组成部分，例如教学视频、教材、黑板、辅助材料等都属于非人的角色范畴。

教师角色对英语教学起着引导作用。教师策划教学方案、设计教学内容、组织教学活动等，这些都是为学生的学习服务的。在教师角色的影响下，学生可以学习很多知识，并对教师提出的问题进行交流与互动。需要指出的是，学生不仅可以与同学、教师进行交流与互动，还可以与其他非人的角色进行交流与互动。

（3）多模态在英语课堂中的协同建构。英语课堂教学离不开教学目标的支持。教学目标可以为英语课堂教学提供方向，它强调了教师在课堂上需要完成的教学内容和教学任务。[①] 教师在课堂教学中承担着教给学生知识的责任，也承担着规范学生言行、管理学生行为的责任。多模态在英语课堂中可以进行协同建构。具体而言，可以从以下几个方面入手。

---

① 朱丽. 多模态话语理论与英语教学研究［M］. 石家庄：河北人民出版社，2019.

第一，从课堂教学的布局而言，要注重视觉模态的构建。视觉模态强调的是以视觉为中心的模态形式。这种模态协同建构可以体现师生之间的权位关系。在这一布局与视觉模态的协同建构中，学生的视觉对象包含很多内容，如教学视频、教材、教师、讲台、黑板等，这些视觉对象在视觉模态布局中都发挥着至关重要的作用。

第二，从教学的主模态视角而言，要注重听觉模态的构建。听觉模态是英语教学不可缺少的一部分。视觉模态也是为英语听觉模态的构建服务的。需要说明的是，在听觉模态中，教师的话语是不容忽视的，它起着主导作用。教师的话语不仅影响着学生对知识的理解和吸收，还影响着英语教学的整体效果。教师话语需要满足一定的要求，这样才能促进学生学习和理解知识，才能促进英语教学目标的实现，这就要求英语教师在课堂表达中应该发音准确、讲解正确、语法规范、语速和语调适中等。教师话语以及口头表达是英语教师评价的重要内容，在评价教学质量的过程中，应将教师话语评价纳入其中。此外，英语教师还应该重视英语重音、节奏等，这样才能使学生听清楚、听明白。由此可见，听觉模态的构建并不是孤立存在的，而是与其他各个模态之间存在密切的协同关系。同时，听觉模态与口头话语模态之间也存在着不可分割的联系，它可以补充和强化口头话语，从而促进口头话语在英语教学中发挥重要的作用。

第三，从教师层面而言，教师可以发挥视觉模态的作用，从而不断强化自己的话语。手势是一种常见的视觉模态，教师在英语教学中可以利用手势来教学，可以对所讲授的概念和内容进行模拟，还可以利用面部表情来表达教学重点或教学难点。

第四，英语教学的最终目的就是提高交际能力，这种交际能力与日常交际有着本质的区别。日常交际实际就是日常生活中的对话与聊天，一般情况下不会有很大的交流障碍和难度，不需要刻意去记忆某一内容。而英语教学中的交际涉及大量的信息，且这些信息是需要记忆的。教学的过程是传递信息的过程，也是培养和提升学生语言表达能力和交际能力的过程。可以说，教学不是随意的，教学内容需要选择和强化，以适应教学的发展和学生的需要。这就要求教师需要根据学生的学习需要，选择教学内容、更新教学内容、补充教学内容，使教学内容能够不断满足学生自身发展的需要，使教学内容能够与时俱进，适应当今时代的发展。

（二）在英语"课外"教学中的协同关系

网络中大量的聊天室、论坛的嘉宾在线访谈，为学生实践教学内容提供了

"练兵"场所，在这些自由的环境里，每个同学都可以很好地进行课外学习，弥补课堂中的一些不足之处。

（1）教师可以利用微博、QQ、微信、电子邮件等方式，在线辅导学生学习，及时评判作业，还可以建立 QQ 群、微信群，实现即时的交流与讨论。有时候，课堂讨论并没有线上讨论那么激烈，一方面是学生思考周期的原因，另一方面是因为有些学生性格比较腼腆，而有的学生碍于情面不好意思当面批评别人。另外，课堂时间有限，用于讨论的时间更有限，不可能进行深度讨论。经过这种线上讨论，可以增强学生的学习兴趣，提高学习效果。随着科技的发展，先进的教学手段必将伴随先进的教育理念，并服务于先进的教育理念。

（2）网站可以提供页面流量统计与分析的功能，这些功能有助于教师了解学生参与线上协作学习的数量，了解学生对栏目感兴趣的程度，有利于教师对协作学习进行更加客观的评价。

第三节　多模态话语在英语教学中的重要性

一、全球化文化融合发展的需要

当今时代是经济全球化的时代，同时也是文化多元化的时代。世界各国打破了孤立发展的局面，实现了经济的交流与文化的互动。世界各国之间的文化互动影响着语言发展。而语言承载着文化，语言是文化的载体，语言能够传播文化、反映文化。可以说，语言与文化之间存在着密切的联系。随着文化多元化格局的形成，语言使用者不仅要了解相应的语言，还应该理解和掌握语言背后的文化。多模态话语在英语教学中的应用，有利于学生在多样化的教学情境中学习英语知识，有利于学生提高语言表达能力和语言应用能力。

此外，语言在跨文化交际中起着重要的作用。交际者在交际过程中不仅要注意语言的流畅性，还应该注重语言的速度、节奏、语调等，这些都会影响交际的效果。同时，交际者还应该注意非语言动作的运用。例如，表情动作、手势动作等的运用，可以使表达更容易理解。除了这些因素以外，还可以营造良好的教学氛围，运用科学的教学策略，这些都影响着英语教学任务的完成以及交际的效果。由此可见，在经济全球化和文化多元化的视角下，文化的融合是一种必然，英语教学运用多模态话语也是一种必然。

二、英语教学深化改革的必然要求

进入 21 世纪以来，我国教育改革历程不断加快。在教育改革的影响下，英语教学不仅面临着诸多发展机遇，还面临着严峻的挑战。在英语教学中，教师不仅要教给学生知识，还应该注重学生英语技能的提升，这是英语教学适应教育改革的重要举措。多模态话语应用于英语教学中，可以为英语听力教学、口语教学、阅读教学、写作教学提供新的思路，可以丰富英语教学的内容，为学生提供更多实践平台。更为重要的是，多模态话语可以促进英语教学的改革和创新。同时，多模态话语可以与其他英语教学模式相结合，有利于英语教学任务的完成。

在当今时代，教育改革正如火如荼地进行着。传统的英语教学模式已经不能适应教育改革的发展。教师要根据时代的发展以及教育改革的要求，不断更新英语教学模式和方法。而多模态话语是一种新的教学理念，它注重学生的主体性，关注学生的学习需求，这对英语教学的改革和创新具有十分重要的意义。

三、提升学生的英语综合学习能力

受应试教育的影响，很多教师仍然采用传统的英语教学模式。这种教学模式忽视了学生的主体性地位，主要以教师讲授、学生被动接受为主。在传统教学模式背景下，学生制定的学习目标都与考试、考级有着密切的关系。学生为了实现学习目标，只学习与考试、考级相关的内容，忽视了英语技能和表达能力的提升。

众所周知，当今时代是跨文化交际的时代。跨文化交际需要跨文化人才，这对学生的交际能力、语言表达能力都提出了更高的要求。显然，传统的教学模式不利于学生综合能力的培养和提高。而多模态话语应用于英语教学中，可以不断丰富英语教学内容，更新英语教学理念，拓宽英语教学内容，这对学生学习英语兴趣的激发以及积极主动性的调动都具有很大的推动作用。同时，在多模态话语背景下，学生可以在不同的情境中学习英语知识，体验英语学习氛围，关注英语重难点，提高发现问题、提出问题、分析问题和解决的能力。此外，多模态话语的应用，还可以提高学生的自主学习能力和语言运用能力。总之，多模态话语应用于英语教学中，对学生综合能力的提升具有很大的促进作用。

四、激发学生的参与积极性

多模态话语作为一种理论，在英语教学的改革和发展中起着重要的作用。多模态话语理论不仅包括语言因素，还包括很多非语言因素。这些因素在英语教学中的作用是不容忽视的。

多模态话语与英语教学相结合，为学生呈现了不同的内容和教学形式。教师可以通过图片的方式展现英语教学的内容，还可以借助视频展现英语教学的内容。教师利用多模态话语可以实现对英语重点知识和难点知识的分析和解读。

总之，多模态话语通过不同的形式呈现英语教学的内容，如文字、音频、视频的有效结合，可以激发学生学习英语的兴趣，可以将学生学习的积极性和主动性调动起来。

五、提高英语教学效率

多模态话语是融入多种模态理念的方式，将其应用于英语教学中，可以刺激学生的多种感官。在多模态因素的刺激下，可以使学生调动多种感官参与到英语学习中，可以在很大程度上提高学生学习的效率，也可以提高英语教学效率。例如，教师以多模态教学理念为指导，借助多媒体技术，通过文本、图片、视频等方式展现英语教学资源和内容，为学生创设多种感知氛围，从而促进学生积极主动地学习英语知识，这对英语教学效率的提高有着很大的促进作用。

六、促进学生知识内化

多模态话语理论可以为英语教学改革提供新的途径。教师在运用多模态话语理论的过程中可以将英语教学内容以多种不同的方式呈现出来，可以为学生创设多种教学环境，这些都是传统教学模式无法实现的。在多模态话语背景下，学生可以根据自己的需要选择不同的教学形式。同时，在地道的英语环境中，学生可以感知地道的英语表达，消除母语思维和发音的干扰，促进学生更好地理解知识和内化知识。

第四节 多模态英语教学模式与评估体系构建

一、多模态英语教学模式构建

（一）多模态英语教学模式构建的原则

多模态英语教学模式的构建并不是随意的，而是要遵循一定的原则。这些原则可以为多模态英语教学模式的构建提供方向和指导。下面对多模态英语教学模式构建的原则进行具体分析。

1. 工具原则

多模态教学模式是英语教学模式的重要组成部分，它是对传统英语教学模式的补充。多模态英语教学模式需要多种工具的支持。如果没有工具的运用和融入，就很难完成多模态英语教学模式的任务。因此，英语教师在构建多模态教学模式过程中应该遵循工具原则，结合学生的实际学习需求，借助各种不同的工具创设多种教学氛围和教学环境，为学生提供多样化的学习环境，从而保证多模态教学模式的构建和实施。

2. 助手原则

多模态教学模式改变了以教师为中心的教学模式，推动了英语教学的改革和创新。需要注意的是，多模态教学模式并不能替代传统教学模式，这就要求教师在构建多模态教学模式的过程中应该遵循助手原则，充分发挥多模态教学模式的助手作用，并结合其他教学模式构建和实施多模态教学模式。这样可以实现英语多模态教学与其他教学模式的有效融合，还可以促进英语教学的改革和优化。①

3. 补充原则

多模态教学模式作为一种新的教学模式，可以弥补传统教学模式的缺陷，可以不断丰富和补充英语教学内容。这就要求教师在构建多模态英语教学模式的过程中遵循补充原则，结合学生的英语学习需求以及时代的发展，补充相应的英语教学内容，从而使多模态英语教学模式能够满足学生的学习需求，能够

---

① 洪晓青，刘清，易乐双. 大学英语多模态话语分析模式探索［J］. 科教文汇（中旬刊），2018（05）：61.

紧跟时代的发展。

（二）英语多模态教学模式构建中的教与学

无论是多模态英语教学模式，还是其他形式的教学模式，都离不开教与学。教与学的主体是教师和学生，教师和学生在多模态英语教学模式中起着重要的作用。

1. 英语教学中教师的多模态教学

在英语多模态教学模式的构建过程中，教师要意识到多模态教学的重要性，认同多模态教学模式的价值和意义。同时，要借助互联网的优势，掌握各种不同的信息化技术和手段，根据学生学习的需要，结合英语教学内容，融入多种不同的教学模态。在备课过程中，英语教师也应该充分发挥多模态英语教学的优势，结合音频、视频、图片等构建多模态教学模式，为学生提供多种环境，从而激发学生学习英语的兴趣。这就要求英语教师转变传统的英语教学观念，丰富英语教学内容，拓宽英语教学结构，将多模态教学理念融入英语教学与教学实践中。英语教师要明确英语教学中的主要模态，即视觉模态和听觉模态是英语多模态教学模式构建的主要模态。英语教师要充分发挥主要模态的作用，并在此基础上结合其他教学模态，从而以多模态促进英语教学的发展。

在多模态英语教学模式构建的过程中，教师不仅要注重多模态的融入和运用，还应该关注学生在多模态环境中的学习效果，重视学生的学习反馈。这些都是教师了解学生学习、评价学生的重要依据。教师应该根据学生的实际情况以及学习反馈，调整教学进度、优化教学内容、转变教学手段，并结合自身的教学经验，从而运用多模态教学模式促进英语教学目标的实现。

众所周知，在不同的阶段，学生的思维方式、学习理念都存在着一定的差异。这就要求教师在不同的教学阶段采用不同的教学手段，根据学生的需求和教学阶段的特点科学选择教学模态。教师可以采用文字模态，可以采用音频模态，可以采用图片模态，也可以采用视频模态等。教师在多模态英语教学中还应该制定切实可行的教学目标，根据学生学习的实际情况组织不同的多模态教学活动，比较常见的多模态教学活动有分组讨论活动、演讲比赛、情境对话活动等，这些都可以调动学生的多种感官，培养学生的多模态识读能力和英语运用能力。同时，教师要意识到教学资源在多模态英语教学模式构建中的重要性，发挥英语教学资源的优势，创设丰富多样的英语教学氛围，从而使学生充分利用资源，在不同的多模态教学氛围中学习知识、增长见识。除此之外，英语教师要明确师生角色的变化，教师自身已不再是知识的权威者，而是教学的指导者、设计者、组织者，而学生的角色也发生了很大的变化，学生是教学的主体，他们可以根据自己的需求选择不同的内容进行学习。因此，教师在构建多模态英语教学模式过程中应该确立学生的主体性地位，引导学生学习和理解不同的教学模态，从而使学生真正成为英语教学的主体。

2. 英语教学中学生的多模态学习

在多模态英语教学模式的构建中除了包括教师的多模态教学以外，还包括学生的多模态学习。学生在多模态学习过程中可以通过教师讲授的方式，可以通过自主学习的方式，可以通过合作学习的方式，也可以通过探究学习的方式等，来促进对知识的理解。

从教师讲授层面而言，学生学习英语知识和多模态话语信息主要通过讲授的方式。教师扮演着指导者的角色。在教师的指导下，学生可以迅速捕捉到英语多模态教学的重点和难点，可以感知英语多模态教学中的非语言因素，并借助这些因素理解英语多模态信息和英语学习的重点和难点。同时，在教师讲授知识和多模态信息的过程中，学生要注重教师讲授的内容、多模态信息和各种符号，要学会利用所学知识对多种形态的信息进行鉴别。例如，学生在英语多模态学习中应该关注文字、非语言因素、视频等不同模态之间的关系，只有了解这些关系，才能更好地学习英语多模态知识。同时，学生在多模态教学的影响下应该从听觉模态、视觉模态中捕捉英语信息，并对多模态捕捉能力和表达能力进行训练，从而不断提高自身的综合能力。

从自主学习层面而言，学生的多模态学习离不开真实的英语学习环境。真实的英语学习环境可以为学生自主学习英语提供保障。因此，学生在学习英语的过程中应该学会创设学习环境，保证学习环境创设的真实性。学生多模态学习的效果受很多环境因素的影响，如课堂教学环境、课外学习环境、任务完成环境等，同时，学生应该意识到多模态教学理念的重要性，借助多模态学习各种不同的多模态信息，不断调动自身学习的积极性，不断与同学、教师交流与沟通，从而更加深入地学习和理解英语知识。除此之外，学生应该学会自主学习，可以通过视觉模态、听觉模态、触觉模态等进行英语自主学习，并借助网络平台搜集各种不同的学习资源和资料，从而不断提高自主学习能力。

通过多模态教学课堂，加强小组之间的合作，使师生之间的关系更为融洽，并且对教学效果、教学情况进行客观分析，不仅能够提高教学效率，同时也能对教学方法进行改善。

网络技术的不断发展，为多模态化探究式学习提供了更多的平台，教师可以充分利用这一资源，为学生提供更多的学习方式，学生也可以根据自己所学习到的知识做好自我检测与评价。

（三）英语多模态教学模式构建的启示

英语多模态教学模式受到很多英语教师的关注，这种教学模式可以为英语教学的发展提供指导。下面主要从对教师和学生的要求来分析多模态教学模式构建的启示。

1. 英语多模态教学模式构建对教师的要求

英语多模态教学模式与传统教学模式不同，对英语教师提出了更高的要求。具体而言，这一教学模式要求教师改变传统的教学观念，以学生为主体，关注学生的需求和时代的发展，不断更新教学内容，调动学生学习的积极性和主动性，使学生能够对英语学习产生兴趣，进而主动学习英语知识和技能。

英语多模态教学模式还要求教师认识到自身角色的转变，扮演好组织者、研究者、设计者、策划者等角色。此外，英语多模态教学模式对英语教师的语言表达能力提出了更高的要求。英语教师应该注重发音的准确性、语调的正确性、停顿的合理性，不断提高英语口语表达能力。

2. 英语多模态教学模式构建对学生的要求

英语多模态教学模式除了对教师有一定的要求以外，还对学生有着一定的要求。随着全球化的发展，社会对学生的多元识读能力提出了更高的要求。多模态教学模式是学生多元识读能力提升的重要途径。因此，教师可以通过多模态教学模式的构建使学生意识到多元识读能力培养的重要性，从而不断提升学生的多元识读能力。

二、多模态英语教学评估体系构建

（一）多模态英语教学评估体系构建的原则

评估体系在多模态英语教学模式构建中起着重要的作用。英语教师应该重视多模态英语教学评估体系的构建。在构建过程中，英语教师需要遵循一定的原则，并在此基础上不断构建和完善多模态英语教学评估体系。

1. 评估过程的连续化

英语教学评估涉及范围十分广泛，不仅要对英语教学的结果进行评估，还应该对英语教学过程和英语学习过程进行评估。英语教学评估并不是一成不变的，而是动态变化和发展的。因此，在评估的过程中也应该注重评估的动态性和连续化。多模态英语教学模式强调学生的自主学习，在实际评估过程中应该注重诊断性评估、形成性评估以及总结性评估，真正实现教学结果评估与教学过程评估的有机结合。诊断性评估主要发生在多模态教学之前，教师通过诊断性评估的方式了解学生的实际情况和特点，并以此为依据制定科学合理的学习目标。学生可以通过诊断性评估了解自己的实际情况，并根据自身的学习情况选择自身需要的学习资源，制定切实可行的学习计划，选择适合自己的学习方法。形成性评估注重的是多模态教学过程和学生自主学习过程。形成性评估可以随时了解学生学习的过程，了解学生在学习过程中遇到的困难和挫折，并根据学生学习的实际情况调整教学进度和教学方法。而学生也可以根据评估反馈调整自己学习的策略，这对学生自主学习能力的提升具有十分重要的意义。总结性评估主要发生在多模态教学和学生自主学习之后，这种评估方式可以了解学生自主学习的情况，然后将学生自主学习的情况与教学目标进行对比，从而判断教学目标的完成程度。

综上所述，多模态英语教学评估体系应该注重过程的连续性，并从诊断性评估入手，重视形成性评估，融入总结性评估，从而促进多模态英语教学评估体系的构建。

2. 评估主体的多元化

在传统的教学评估模式中，教师是教学评估的唯一主体，教学评估主体是单一的，学生的学习成绩、学习表现都是由教师评估的，这不利于学生评估的全面性和主动性，不利于学生的个性化发展。在多模态教学评估中，教师只是评估的主体之一，学生也可以作为评估主体参与到多模态教学评估体系构建中。多模态教学评估体系包括教师评估、学生评估。而学生评估可以是学生自我评估，也可以是学生他评。可以说，教师和学生在多模态教学评估体系中起着重要的作用。教师要用发展的眼光看待学生，对学生的学习情况和表现进行评估，还应该指导学生正确评估自己和他人，真正发挥学生的评估主体作用。此外，教师还应该引导学生做好监督工作，结合评估标准，从多个方面对自身进行评估。

总之，多模态教学评估体系强调评估主体的多元化。教师和学生都应该参与到多模态教学评估中，从而改变单一主体的评估方式，确保评估主体的多元化。

3. 评估环境的动态化

传统的英语教学模式注重线下教学，忽视了学生的主体性地位。而多模态教学模式对线下教学进行了拓展，并将线上教学模式融入英语教学中。在多模态英语教学评估体系构建过程中，教师应该注重评估环境的动态化。多模态教学评估可以不受时间和空间的束缚，教学环境并不是始终处于静止不变的状态。教师要结合学生的情况，对学生学习、教学环境进行动态评估。

可以说，多模态教学评估体系是一个动态的、变化的体系。随着教学活动的变化和教学主体的不同，多模态教学评估体系也是不同的。因此，教师要遵循评估环境动态化原则，对学生的学习过程以及教学过程进行动态化评估。

4. 评估体系的综合性

多模态英语教学评估体系的构建还应该遵循综合性原则。综合性原则强调的是教师评估和学生评估的综合性，而不是单一性。同时，多模态英语教学评估体系还涉及教学评估主体、教学评估内容、教学评估方法等。从教学主体而言，多模态教学评估体系强调教学评估主体的综合性。也就是说，教学评估主体并不只包括教师，还包括学生。除此之外，还包括其他教育工作者、教学媒体等。教学评估内容的综合性，强调的是教学评估内容不能单一，而应该保证评估内容的全面性和综合性。例如，教学活动、教学方法、学生、教师等，这些因素都是多模态英语教学评估体系的重要内容，也是教学评估内容综合性的具体体现。教学评估方法的综合性，强调的是评估方法不能是单一的，而应该采用多种方法。例如，客观量化评估方法、描述性评估方法、动态评估方法等，这些都可以作为英语教学评估的重要方法。

5. 评估体系的发展性

多模态英语教学评估体系的构建还应该注重发展性。评估体系的发展性原则强调的是教学评估要以发展的眼光看待学生，并在评估过程中关注和促进学生未来的发展。同时，评估体系的发展性对教师的教学能力、专业知识、教学素养等提出了更高的要求。教师需要改变传统的教学评估观念，关注学生的动态发展，从而不断推动英语教学的发展。

英语教学评估体系的构建具有一定的目的性，即总结英语教学、反馈学生学习情况、激励学生主动学习、促进教师专业发展等。无论是从教学视角而言，还是从教师、学生而言，教学评估体系都起着重要的作用。因此，教学评估体系不能脱离发展性原则。教师在评估过程中应该结合学生的实际学习情况，以发展性评估促进学生的学习和个性发展，真正使学生认识到自身的优势和不足，使学生不断改正不足，不断发挥自身优势。

（二）多模态英语教学评估体系构建的策略

多模态英语教学评估体系的构建不仅需要遵循一定的原则，还应该采用各种不同的策略。运用科学的构建策略，对多模态英语教学评估体系的构建具有十分重要的作用。

1. 将诊断性评价、形成性评价和总结性评价相结合

无论是诊断性评价，还是形成性评价，抑或是总结性评价，都存在着优势

和不足。单纯地使用某一种评价，不利于多模态英语教学评估体系的全面构建。再加上多模态英语教学强调的是学生的自主学习，在对其进行评估的过程中，也应该关注学生自主学习的全过程。这就要求教师在英语教学评估体系的构建过程中将诊断性评价、形成性评价、总结性评价相结合，从而发挥每个评估方法的优势，弥补单一教学评估方法的不足。

诊断性评价，主要是对学生自主学习之前的学习情况进行评价。这一评价方式主要集中在学前，可以为学生自主学习奠定基础。

形成性评价，主要是对学生自主学习过程中的学习情况进行评价。在多模态教学中，学生利用各种不同的多模态手段搜集资料，进行自主学习。学生在自主学习过程中遇到的各种困难都是教学评价的重要内容。要想科学地评价学生自主学习过程中的情况，就可以采用形成性评价的方式。

总结性评价更多的是学生最终的学习效果。在多模态英语教学中，教师应该注重总结性评价的融入，并对学生自主学习的效果进行检验和评估。

综上所述，多模态英语教学评估体系需要结合多种评价方法。教师要充分发挥诊断性评价、形成性评价、总结性评价的优势，真正促进英语教学评估体系的优化。

2. 将教师评价、学生自评和生生互评相结合

多模态英语教学评估体系有着多样化的评估主体。在具体构成英语教学评估体系的过程中，应该融入多种评估主体，真正实现教师评价、学生自评、生生互评相结合。

教师评价是教师对学生的日常表现、学习情况进行评价。虽然学生是教学和评价的主体，但教师在教学和评价中仍起着重要的作用。教师的评价能够给学生指导，使学生向着正确的方向发展。因此，教师评价在多模态英语教学评估体系构建中依然是不可缺少的部分，教师应该结合学生的实际学习情况和自主学习表现进行评价，从而促进学生语言技能的提升。学生的自我评价强调的是学生对自身的评价，这种评价主要是针对学生自主学习的情况进行的评价，从而不断提高自主学习的效率。需要指出的是，学生在自我评价过程中可以借助互联网平台对自己的自主学习情况进行及时评价，从而保证学生评价的及时性和客观性。学生互评强调的是学生与学生之间的互相评价，不同的学生对同一学生的评价是不一样的，通过学生与学生的互相评价，每个学生都可以全面了解自己的学习情况，从而明确自己的优势和不足，并在学习中不断发挥优势、改进不足。

3. 将线上评价和线下评价相结合

多模态教学不仅融入线下教学，还融入了线上教学。因此，在多模态英语

教学评估体系的构建过程中，教师应该将线上评价和线下评价相结合。线上评价强调的是对学生线上学习的情况进行的评价，这种评价方式主要依靠网络教学平台。网络教学平台是以网络搭建的平台，它涉及的内容很多，例如在线测试、网上交流、教学视频等。教学网络平台不仅可以为学生提供网络学习的资源和资料，还可以对学生线上学习进行监控和评价，并将评价结果反馈给学生。在注重线上评价的同时，教师还应该注重线下评价。教师在线下评价过程中不能仅注重考试成绩，还应该注重学生的线下日常表现，结合多个方面对学生进行评价。

　　总之，多模态英语教学涉及很多模态手段。线上教学和线下教学是多模态英语教学中常见的模态手段。在多模态英语教学评估体系构建过程中，教师应该融入线上评估手段和线下评估手段，对学生的学习做出科学、公正、客观的评价。

第六章　英语生态教学

随着我国教育机制的不断改革和生态学研究领域的不断扩大，英语在教学模式的实施上也采取了生态学发展的研究成果，将生态式的教学模式应用到了英语教学中，并在我国英语教学的实施上发挥了重要的作用，产生着重大的影响。本章主要对英语生态教学的相关知识进行了具体探索。

第一节　英语生态化教学的理论基础

一、生态哲学

所谓生态哲学就是借用生态系统相应的观点、理念和方法去研究人类与社会乃至自然环境之间的相互关系及其普遍规律的科学。生态哲学的研究目标是通过对人与"人态环境"之间关系的再思考，阐明人在生态系统中所处的地位，生存的基础、条件，人对环境的认识及改造，以及"人态环境"对人的意义和价值，人对"人态环境"的责任和义务以及人生的价值和意义等隐藏在生态背后的哲学意蕴。① 随着"生命哲学"在近些年的发展，生态哲学借鉴了生命哲学的基本理念和研究思路，生态哲学再次得到了学者的关注和关照。

现代生态哲学以人与自然的哲学关系为基本命题，追求人与自然和谐、健康发展的人类目标，最终实现人与社会的可持续发展，因而为世界可持续发展提供理论支持，是可持续发展理论的一种哲学基础。另外，生态哲学拓展了跨学科的研究方法，弘扬了生态学的整体生态观和生命整体观，成为拓展人类整

---

① 黄远振，陈维振. 中国外语教育：理解与对话——生态哲学视角 [M]. 福州：福建教育出版社，2009.

体思维的新的思维模式，引领了学科合作共赢的新思潮。生态哲学彻底摈弃了根深蒂固的、学科性的、领域性的和局部性的传统研究模式，完全消除了陈旧的科学观念和学科意识，把科学研究方法推进到对世界和人、现实与历史、生命与自然、人与环境水乳相容的整体视域之内。生态哲学的基本观念不仅可以推动人文社会科学的繁荣，也将深入教育教学第一线的教师信念中，彻底摈弃长期以来以教师为中心的单向发展，而最终走向关注师生和谐共生的健康发展之路，这一理念必将在英语教学中得以贯彻和落实，指引广大英语教师走向教学解放的理想之境。

二、教育生态学

教育生态学实际上是一门交叉学科，这一学科是以生态学为理论基础，对教育现象和教育问题进行研究的学科。教育过程是一个复杂的过程，如果单纯地研究教育，就很难发现教育的本质和规律，也很难解决教育中存在的问题。将生态学融入教育研究中，可以为教育研究提供新的思路。

随着社会的进步和经济的发展，人们越来越意识到生态理念的重要性。同样，随着教育改革的发展，教育者也意识到生态理念在教育中的重要性。在此背景下，教育生态学受到前所未有的关注。教育生态学强调生态学与教育研究的有机结合，强调生态学与教育研究的相互影响和相互适应。教育生态学主要对教育教学中的某些现象和问题进行研究，分析教育与生态之间的关系，解读教育的生态功能，探索教育生态构建的策略和方法。

教育生态学实际上就是教育学与生态学的有机融合，以生态学促进教育学研究，以教育学推动生态学发展。教育学在我国历史悠久，内涵丰富，这些都为教育生态学的研究奠定了基础。

教育生态学将教育内部因素以及外部生态因素作为研究的重点。除此之外，教育生态学还研究人与教育和生态环境之间的关系。[①] 无论是教育生态学理念还是教育生态学方法，都可以为生态化教学提供理论依据。英语生态化教学是教育教学的重要分支，也离不开教育生态学的支持。

三、生态语言学

生态语言学，又称语言生态学，是由生态科学和语言学相结合而形成的语

---

① 郑静. 概念隐喻理论下的英语教学研究 [M]. 西安：西安交通大学出版社，2017.

言研究领域。生态语言学强调语言与生态、环境之间的关系，强调语言研究离不开生态系统。随着语言学的发展以及人与环境之间新型关系的形成，生态语言学也在不断发展和完善。生态语言学强调语言在生态系统中的重要地位，在具体研究中也将语言与环境结合起来，探索两者之间的密切关系。实际上，语言系统与生态系统之间存在着密切的联系，它们之间存在着相似的同构关系。随着生态语言学的发展，生态语言学受到很多学者的关注。在生态语言学研究过程中，很多学生研究了生态语言学理论，下面对其进行具体分析。

1. 语言物种属性

语言是人类特有的专门化语言，人的语言要比动物的交际信号复杂得多。刘焕辉强调语言的物种属性，并强调语言的产生与原始自然之间的关系。①

2. 语言生态系

生态系具有多样性、丰富性和异质性的特点。语言生态系强调的是语言与生态系之间的关系。语言生态系中含有多种语言，他们与环境之间相互影响。语言生态系在发展过程中形成了多样性的特征。这里的多样性主要强调的是语言的多样性。语言的多样性可以促进语言的创新和发展，只有这样才能适应当今跨文化交际的发展。语言生态系对英语生态教学具有一定的启示，引领英语生态教学不断创新言语形式，以适应当今教育信息化和生态化的发展。

四、系统科学理论

1. 系统论

系统论并不是一个狭义的概念，它涉及的内容十分丰富。系统论强调的是以系统为切入点，对系统的原则、方法、规律等进行研究的科学。一般系统论研究都有自己的对象。需要注意的是，具体系统一般不作为一般系统论的研究对象。

系统论注重系统的综合研究，注重分析与综合的有机统一。在具体研究过程中，系统论注重系统中多种因素的分析和综合，例如系统的成分因素、关联因素、功能因素等，这些都是系统论分析和综合研究的重要因素。此外，系统论在研究过程中并不是采用静态的观点，而是从动态视角对系统以及系统中的各个要素进行分析，探索系统中存在的关系和规律，探讨整体与部分之间存在的关系，从而实现部分与整体的和谐与统一。

---

① 刘焕辉. 言语交际学基本原理 [M]. 南昌：江西教育出版社，1997.

2. 信息论

信息论的研究对象是信息，具体研究信息的传播、使用、保存等。教育信息是在教育系统中传递的信息，或者说在教育过程中传递或变换的信息。在教育领域中，知识、技能等属于信息的范畴，所以称为教育信息。信息论在教育领域中应用所形成的理论称为教育信息论，教育信息论是研究教学过程中教学信息如何传递、变换和反馈的理论。

教学的过程是指教育信息传播和反馈的过程。教师要意识到教育信息整合的重要性，并根据具体情况对教育信息进行整合。在教育信息整合以后，教师还应该选择多样化的方式将教育信息传递给学生，并从学生的反馈中总结经验，调整教学进度和教学方法，从而不断优化教育教学效果，促进教育教学目标的实现。除此之外，学生也可以在学习和理解信息的过程中学习知识，并从教师的反馈中了解自己的学习情况，从而调整学习策略。

3. 控制论

控制论强调系统中控制规律的重要性。在研究系统控制规律的过程中，控制论主要对事物量进行研究。控制论在教育领域的应用所形成的理论称为教育控制论。通过反馈，可对教学系统进行有效的调节，以使教学设计有的放矢，不断完善，更加适合学生的实际需要。

第二节　英语生态课堂的特征与功能

一、英语生态课堂的特征

（一）生命性

英语课堂不应该是死气沉沉，而应该是富有生机和活力的。在英语课堂上，英语教师讲解知识，通过引导学生学习、解决学习中存在的问题来体现自己的生命价值。学生在英语课堂上不断学习知识，总结英语学习策略和技巧，不断提高语言运用能力和交际能力。生态理念与英语课堂有机结合，可以体现英语生态课堂的生命性特征。

其一，强调教师和学生作为"有生命的人"存在于英语教学中。教师和学生是英语教学的主体，也是英语教学不可缺少的重要组成部分。教师和学生都具有生命性，都与客观事物有着本质的区别。

其二，英语教学的开展需要丰富多彩的教学活动。这些教学活动都需要教师和学生的参与。教师和学生是有生命的个体，他们参与到英语教学中，可以使英语教学更具有生命性。

其三，英语教学过程中体现了人性关怀。教师和学生是不同的个体，他们之间也有着不同的情感。在英语教学中，教师的想法与学生的想法会存在一定的差异。在这种背景下，教师和学生就需要沟通和交流。通过双方的交流与沟通，使教师和学生之间建立平等的师生关系。英语教学是人性化的教学，它注重教师的教学和学生的学习体验，同时融入趣味性内容，不断激发学生学习的兴趣。

其四，关注主体的生命发展。英语教学将促进主体的发展作为最终目标。教师和学生是教学主体，英语教学关注教师和学生的发展，更是将学生发展作为教学目标的重中之重。

（二）动态平衡性

生态平衡强调的是一种平衡状态。这种平衡状态主要指的是在一定时间内，生态系统中的生态与其他种群或与环境之间在能量、信息等方面的平衡状态。[①] 生态平衡并不是静止的，也不是一成不变的，而是处于一种动态的发展中。生态平衡的维护并不是强调原始系统中初始状态的平衡保持，而是随着生态环境的发展，生态系统中可以打破原有的平衡状态，从而达到一种更加科学、完善的新的平衡状态，进而有利于生态系统的发展。生态平衡的动态性，实际上就是生态系统从平衡状态，经过其他因素的影响达到一种不平衡的状态，最终通过调节，达到一种新的平衡状态。可见，英语生态课堂具有动态平衡性的特征。也正是因为如此，生态系统才能协调好整体与部分之间的关系，才能促进生态系统随着时代的发展而不断发展。

（三）共生性

自然生态强调的是自然中的生态性。自然生态在发展中形成了共生性的特征，这种关系通常情况下有两种不同的表现形式：第一种形式是互利共生，第二种形式是偏利共生。英语生态课堂在发展和应用中也体现了共生性的关系。下面对其进行具体分析。

---

① 王翠英，孟坤，段桂湘. 大学英语生态课堂与生态教学模式构建研究［M］. 西安：西安交通大学出版社，2017.

第一，从教师和学生的关系层面而言，师生关系是一种互利共生的关系。在英语课堂教学中，教师可以传播知识、积累经验、实现价值、彰显魅力，学生可以学习知识、提高技能、提升素养、培养情感等。教师在英语课堂中讲解知识，指导学生学习，提高学生的学习兴趣，调动学生的主动性，促进学生的全面发展。在这一过程中，教师实现了教书育人的价值。此外，学生在教师的指导下学习知识、参与实践活动、发展个性，这些都促进了学生的进步和发展。

第二，从学生与学生之间的关系层面而言，学生与学生之间也存在着共生关系。这种共生关系具体体现在两个方面，一个是互利共生关系，二是偏利共生关系。这也突出体现了学生与学生之间不仅存在着合作关系，也存在着竞争关系。

二、英语生态课堂的功能

英语生态课堂在发展中也形成了自身独特的功能，这些功能在一定程度上影响着英语生态课堂的发展。英语生态课堂的功能具体体现在以下几个方面。

(一) 优化结构的功能

英语生态课堂在结构层面并不是随意变化的，而是相对稳定的。英语生态课堂的主要构成部分是课堂主体、课堂环境。课堂主体与课堂环境之间存在着紧密的关系。教师在英语课堂中扮演着生产者的角色，学生在英语课堂中扮演着消费者的角色。课堂生态环境影响着教师的教和学生的学，是教师教学和学生学习的重要媒介。此外，教材在英语生态课堂中也起着重要的作用。学生学习知识，除了教师的讲授以外，还可以通过教材学习和理解知识，从而不断提高自己的知识素养和能力。

在英语生态课堂中，教师不再是权威者，而是指导者、设计者、组织者等。学生改变了被动接受知识的状态，可以与教师交流、讨论，可以参与到知识的生产中，学生的角色发生了很大的变化，即学生扮演发现者、合作者、探究者等角色。在生态课堂理念的影响下，教师和学生的角色都发生了很大的变化。英语生态课堂形成了一种新的结构，在此背景下，英语生态课堂系统和结构都得到不同程度的优化。

(二) 调谐关系的功能

无论是传统课堂，还是英语生态课堂，都离不开教师和学生。教师和学生作为英语生态课堂的主体，在英语生态课堂中起着重要的作用。教师和学生之间并不是孤立存在的，而是相互影响、相互作用、相互变化的。英语生态课堂与传统课堂不同，英语生态课堂强调教师与学生之间的交流与互动，激励学生积极参与到英语教学活动中。可以说，英语生态课堂中师生关系发生了很大的变化，师生关系不再是被动的、不平等的关系，而是一种平等、和谐的关系。

除此之外，英语生态课堂强调主体性，注重学生与教师、同学之间的交流与互动，鼓励教师与教师之间的相互合作与探讨。无论是学生与学生之间的互动，还是学生与教师之间的互动，都离不开情感的交流和互动。教师和学生之间的情感相互影响、相互作用。教师会通过学生的反馈不断调整教学和自己的情感态度。相应地，学生也会通过教师的反馈不断调整自己的学习方法和情感，这对教师与学生和谐关系的形成具有十分重要的意义。另外，在生态理念的影响下，英语教学中的主体和客体之间也存在着相互反馈。在这一过程中，英语教学主体与客体之间的关系也会发生变化，并向着和谐的方向发展。

（三）生态育人的功能

英语生态课堂具有育人的功能，这是英语生态课堂最根本、最显著的功能。英语生态课堂中的生态育人功能有着丰富的内涵，具体主要体现在三个方面：第一个方面强调的是生态主体之间的共同发展；第二个方面强调的是生态主体之间发展的均衡性和可持续性；第三个方面强调的是科学的育人方式和生态化的育人策略。[1] 众所周知，人在教育中发挥着重要的作用，所有的教育都离不开人的参与。从根本上而言，英语生态课堂也离不开人的参与，育人是其最根本的任务。这就要求教师在英语生态课堂中要充分发挥生态育人功能，不断提高英语生态课堂的效果。

（四）系统规范功能

从本质上而言，英语教学是一个复杂的系统。在这个复杂的系统中，很多因素都影响着英语教学的发展。通过对这些因素进行分析可以知道，这些因素在英语教学系统中受系统规范的影响。也正是因为如此，英语教学系统才能有秩序地顺利开展，从而促进英语教学目标的实现。

英语教学中的规范可以分为两种不同的类型：第一种类型是有形的规范，第二种类型是无形的规范。有形规范在英语教学中有很多，其中最为重要的是

---

[1]　刘长江. 信息化语境下大学英语课堂生态研究［M］. 北京：世界图书北京出版公司，2014.

制度规范。制度规范作为有形规范的重要组成部分，对英语教学的影响是很大的。制度是英语教学的重要保障，如果没有明确的制度，英语教学在开展和实施中就会遇到很多困难和障碍。同时，制度规范在通常情况下是一些硬性的规章制度，它直接影响着英语教学的效果。随着教育教学的发展，现代教学管理也在不断发展。现代教学管理强调的是管理者运用科学的管理理念对教学过程进行管理，其目的是激发学生学习的积极性，为学生提供良好的学习环境。①制度规范可以促进教学目标的实现，可以促进教学管理的规范性和科学性，进而促进英语教学的可持续发展。

英语教学中的无形规范主要是教学规律。教学规律强调的是教学内部因素之间的密切联系和性质、规律。教学规律在英语教学中起着关键的作用。无论是教师，还是学生都应该遵循教学规律，不能违背教学规律。教学规律作为一种教学规范，它规范着教学的实施。如果不遵循教学规律，就很难顺利开展英语教学，也很难取得良好的教学效果。因此，在英语教学中，教师和学生都要意识到教学规律的重要性，并遵循教学规律。

第三节 信息化时代英语课堂生态的失衡与重构

一、信息化时代英语课堂生态的失衡

（一）从结构层面而言

1. 系统组分在构成比重上的失衡现象

英语课堂生态的最基本构成，即课堂生态主体和课堂生态环境。课堂生态主体主要包括两个，第一个主体是教师，第二个主体是学生，教学主体在很大程度上影响英语课堂教学的开展。课堂生态环境是一个复杂的概念，涉及范围也十分广泛。教学主体在某一环境影响下也会作为环境因素影响英语教学的发展。课堂生态环境内涵丰富，在理解和把握这一概念的过程中，可以从三个方面入手：第一个方面是结构层面，第二个方面是关系层面，第三个层面是文化层面。纵观课堂生态环境，其内容主要涉及教学环境、网络环境、师生关系环

---

① 王翠英，孟坤，段桂湘. 大学英语生态课堂与生态教学模式构建研究 [M]. 西安：西安交通大学出版社，2017.

境、校风校纪等。

　　课堂生态本身是一个复杂的系统，这个系统中包含很多内部因子。这些内部因子之间并不是相对独立的，而是相互影响的。外界环境的变化会对课堂生态系统中的内部因子产生影响。随着信息技术的发展，信息技术在教育教学中的应用也越来越广泛。信息技术应用于英语课堂生态中，必然会对英语课堂生态产生影响。如果英语课堂生态以及内部因子不随着信息技术的发展而变化，就会出现信息化环境下英语课堂生态系统中各个组分的失衡现象。

　　基于计算机网络和课堂的英语教学改革在全国推广以后，很多学校都意识到信息技术在教育教学中的重要性，并纷纷将信息技术应用到教育教学改革和实践中。很多学校转变传统的教学模式，探索信息化教学方法和手段，其目的就是促进英语教学目标的实现。信息技术在英语课堂生态教学中的应用改变了传统的英语教学方式和英语教学生态系统中的环境因子。环境因子的改变，必将引起其他教学系统中生态因子的变化。只有这样，才能保证英语生态系统处于动态平衡的状态。然而，事实上，其他生态因子并没有结合信息化时代中环境因子的变化而变化。具体而言，教师仍然坚持传统的教学理念，没有掌握必备的信息技术，不具有较高的信息素养。同时，教师并没有意识到信息化时代教师角色的变化，也没有及时转变自身角色。此外，学生也没有及时转变自身角色，仍然采用传统的学习方法，学生对信息化时代英语生态教学很不适应，这些都导致英语课堂生态无法实现新的平衡。

　　通过上述分析可以知道，信息化时代英语课堂生态环境因子在发生变化的同时，其他生态因子并没有发生相应的变化，最终英语课堂生态中出现了很多不协调现象。例如，信息技术的迅速发展与教师教学理念的陈旧、信息技术的应用与教学方法和教学内容的落后等之间的不协调。可见，信息化时代英语课堂生态中很多因子并没有根据信息技术的发展做出相应的改变，与信息技术的发展存在着诸多不协调现象，这些都制约着信息化时代英语课堂生态教学的发展。

　　2. 系统内部在营养结构上的失衡现象

　　在信息化时代，英语课堂生态系统内部在营养结构方面也出现了失衡现象。第一，体现在一些教师和学生生态角色的失衡和异位。从教师层面而言，教师没有做好生态角色的转变。教师仍扮演着传统教学中的讲授者的角色，没有扮演好消费者、分解者的角色。同时，教师专业发展意识淡薄，并没有积极采取各种措施促进自身发展。从学生层面而言，很多学生仍然处于被动接受知识的状态，没有扮演好生产者、探究者、合作者等角色。这些都不利于信息化时代英语课堂生态的平衡。第二，体现在输入和输出的失衡。输入和输出的失衡主要体现在方式和内容两个方面。① 在信息化时代，教师并没有改变输入和输出的方式，也没有改变输入和输出的内容，这些都不利于英语课堂生态的平衡。

3. 系统组分在交互关系上的失衡现象

（1）生态主体之间的失谐。生态主体在英语课堂生态中发挥着重要的作用。生态主体涉及很多方面，其中最为重要的两个生态主体是教师和学生。这两个生态主体之间又可以形成错综复杂的交互关系。如果生态主体在教学目标、教学理念、交流方式等方面存在差异，那么就很难形成平等、和谐的师生关系。在信息化时代，教师和学生之间存在失谐现象。例如，教师和学生在目标层面就存在着差异。在教育信息化改革背景下，教师利用信息技术提高英语教学效率，避免传统教学中的缺陷。而学生注重的是英语知识的学习和技巧的掌握，他们并不关注教育改革的效果，这就很容易导致教师与学生之间的失谐。

（2）教师与信息技术的失谐。教师与信息技术之间也存在着失谐现象，下面对其进行具体分析。

第一，信息技术与教师信息化水平之间的失谐。信息技术的发展和应用对英语教师信息化能力和水平提出了更高的要求。很多教师尤其是一些年龄偏大的教师存在着信息化能力薄弱和信息化水平不高的现象，这些都不利于信息技术在英语课堂生态中的运用和实施。信息化水平与信息技术之间的矛盾，影响着教师对信息技术的运用，不利于信息化时代英语课堂生态的平衡。②

第二，传统教学理念与生态理念之间存在着一定的矛盾。生态理念关注学生的主体性地位，注重教师与学生的交流和互动，强调和谐师生关系的建立。但是，很多英语教师受之前应试教育的影响比较严重，仍采用传统的教学理念，忽略了学生的主体性，没有实现信息技术与英语课堂生态的有效融合，这也导致了信息化时代英语课堂生态的失谐现象。

（二）从功能方面而言

1. 结构优化功能的失衡现象

随着信息技术在英语课堂教学中的广泛应用，英语课堂生态结构优化功能

① 王晓燕，瞿宁霞. 新媒体在英语教学中的有效应用研究［M］. 长春：东北师范大学出版社，2018.

② 舒婧娟，汪萍，鲁春林. 基于多维视角下的英语教育模式研究［M］. 青岛：中国海洋大学出版社，2019.

受到了影响，进而出现了失衡现象。在信息技术与英语课堂结合之前，英语课堂中的各个生态因子基本处于相对平衡状态。但随着信息技术在英语课堂中的运用，英语课堂中的生态因子出现了失衡现象。

信息技术应用于英语课堂生态中，英语课堂生态中的因子就会发生很大的变化。信息技术作为英语课堂生态中的主要因子，对英语生态课堂的影响是很大的。在信息技术的影响下，英语课堂生态主体也在不断调节，其他的生态因子也在不断修复，但结果并不尽人意。信息技术对英语课堂生态的影响已经远远超过了英语课堂生态主体和其他因子的自我修复能力，从而导致英语课堂生态结构优化功能减弱，最终出现失衡现象。

2. 关系调和功能的失衡现象

在信息技术的影响下，英语课堂生态关系的调和功能也在不断减弱，从而出现了这方面的失衡现象。在信息化时代，英语教学改革势在必行。教育信息化对英语教学改革提出了更高的要求。英语教学必须加大改革力度，才能适应教育信息化的发展。

3. 演化促进功能的失衡现象

信息技术在英语课堂生态系统中应用，很容易导致英语课堂生态失衡。在这种情况下，如果英语课堂生态系统可以自我调节和修复就可以形成一种新的平衡，这就是英语课堂生态的演化。如果英语课堂生态系统无法自我调节和修复，就很难完成英语课堂生态的演化，英语课堂生态系统就会处于一种失衡状态。在信息化时代，信息技术作为一种主要因子，对英语课堂生态系统的扰动很大，系统的结构优化功能和关系调谐功能都在减弱，系统没有足够的驱动力进行自我调节和修复，从而导致演化促进功能失衡。

二、信息化时代英语课堂生态的重构

（一）信息化时代英语课堂生态的重构原则

信息化时代英语课堂生态存在着很多失衡现象，这些失衡现象在一定程度上制约了英语课堂生态的发展。基于此，教师应该结合英语课堂生态中的失衡现象对英语课堂生态进行重构。在重构过程中，教师不能随意重构，要遵循一定的原则。下面主要对信息化时代英语课堂生态重构的原则进行分析。

1. 人本性原则

人本性原则强调的是人在英语课堂生态重构中的重要性。无论是英语课堂生态建设，还是英语课堂生态重构都应该遵循人本性原则。这就要求教师在重构英语课堂生态时应该坚持以学生为本，结合学生的学习需求和实际情况对英语课堂生态进行建构。同时，教师还应该注重学生与教师之间的关系，促使教师与学生之间形成平等、和谐的关系。坚持以人为本，以学生为中心，要以培养"完整的人"为目标，确立学生在学习中的主体地位，倡导个性化教学。

2. 整体性原则

众所周知，英语课堂生态系统具有十分复杂的结构，在其构建和实施过程中也存在着很多不确定因素。同时，当今时代还要求英语课堂生态系统不断改革和创新，这些都说明英语课堂生态中的很多因素都影响着英语课堂生态的稳定性和平衡性，且这些要素并不容易控制。这就要求英语教师要树立整体观念，遵循整体性原则，分析各个要素之间的联系，从整体性的视角探讨各个要素与英语课堂生态之间的关系，避免单一地分析英语课堂生态系统中的要素。

3. 有效性原则

英语课堂生态重构的目的就是实现英语课堂生态平衡，促进英语教学效率的提高。这就要求教师在英语课堂生态重构过程中遵循有效性原则。有效性原则强调的是要有良好的效果和较高的效率。教师要将信息技术与英语课堂生态相结合，分析信息技术对英语课堂生态的有利影响和不利影响，从多个方面整合信息化资源，以信息化资源促进英语课堂生态。同时，教师还应该以教学目标为方向，不断探索信息技术和英语课堂生态的融合方式，从而不断提高英语课堂生态的效果，促进英语课堂生态的平衡。

4. 可持续发展原则

英语课堂生态的重构要求教师在关注英语课堂生态平衡问题的同时，还要注重英语课堂生态的发展。因此，英语教师在重构英语课堂生态过程中应该遵循可持续发展原则。具体而言，教师要明确可持续发展理念在英语课堂生态中的重要性，要将这一理念贯穿于英语课堂生态重构中，不仅教给学生知识，还应该教给学生学习的方法和技巧，从而使学生能够掌握知识和学会学习。同时，教师要注重学生知识的理解和技能的学习，关注学生的全面发展，引导学生养成良好的人格和素养，使学生能够在学习知识和技能的过程中不断进步和发展。

除此之外，还需要强调的一点是，英语课堂生态系统中有很多生态因子，例如教师因子、学生因子、环境因子等，这些因子之间都不是相对独立的，而是相互影响、相互作用的。每个因子在不同的环境中有着不同的发展机遇，也面临着不同的发展挑战。需要注意的是，无论哪种因子，在其发展过程中都会影响其他因子的发展。究其原因，主要是英语课堂生态中的每个因子之间都存在着密切的联系。如果某一因子发生变化或失去平衡，就会影响整个英语课堂生态系统，使整个英语课堂生态处于不平衡状态。这就要求教师在重构英语课堂生态过程中应该遵循可持续发展原则，以发展的眼光看待每个生态因子的变化，并促进每个因子都处于生态平衡中。

（二）信息化时代英语课堂生态的重构策略

1. 发挥信息技术的引领作用

随着互联网技术的发展，信息技术也在不断发展。信息技术在教育领域的广泛应用，促进了教育信息化的发展。可以说，信息技术在教育教学中起着重要的作用，带动了教育的改革和创新。基于此，教师在教育教学中应该注重信息技术的应用，充分发挥信息技术的作用。英语课堂生态在信息技术的应用初期，出现了很多不协调的现象，从而导致英语课堂生态的失衡。要想重构英语课堂生态，就应该从信息技术入手，充分发挥信息技术的引领作用。

第一，从政策层面发挥信息技术的引领作用。信息技术在教育教学中的应用是信息技术不断发展的必然。教育者应该意识到信息技术的发展以及应用必然对教育产生巨大的影响，要从政策入手，积极推动教育信息化，充分发挥信息技术的优势。同时，在信息化时代，教育者应该将信息技术与英语课堂生态相结合，意识到英语课堂生态在信息技术影响下存在的失衡现象是可以重构的。必要时，可以允许英语课堂生态中存在一些失衡现象，其目的主要是打破之前的生态平衡，使英语课堂生态达到一种新的平衡状态。

第二，注重信息化手段的运用，促进英语教学的常态化和深层化。在信息化时代，英语教师积极引进信息技术，使英语信息化教学不断改革。在此基础上，英语教师还应该借助信息技术，推动信息化教学的常态化和深层化发展，真正实现信息技术与英语教学的有效融合，促进传统英语教学模式的转变，推动英语教学的内涵式发展。

此外，英语课程整合也可以借助信息技术，以信息技术促进英语课程的整合，从而将信息技术贯穿于英语课堂生态中，发挥信息技术对英语课堂生态的引领作用，使英语课堂生态构建一种新的平衡。

2. 信息化课堂生态功能的恢复

要使信息化英语课堂的生态功能得到恢复和平衡，就要充分利用失衡系统的自组织能力。但是，要完成系统的自组织过程需要满足一个前提条件，即这必须是一个远离平衡的开放系统。为了满足系统远离平衡这一条件，需要不断地通过外部环境向系统输入能量，使系统和它的元素处于一个非静态的过程。另外，教师还要通过主动的控制和调节来解决教学生态中的失衡问题，不能过于被动。

要恢复信息化课堂生态功能，就要把现代信息技术与英语课堂教学的有机整合作为重点。要实现现代信息技术与英语课堂教学的有机整合，就要把构建师生共建式生态课堂作为目标，把师生的共同成长作为追求，实现生态因子之间的和谐共处，平衡系统的输入与输出，使教学目标和成效相同，使生态化课堂环境得到创建，使师生之间可以平等地对话，运用混合式教学模式，调整师生的角色定位，创建多元教学评价体系，创新多维课堂的教学方式。

3. 引导系统各组分同步协变

英语课堂是一个微观生态系统，师生是系统中的生物成分，包括群体和个体，系统中的非生物成分就是课堂生态环境，包括课前生成的环境（课堂自然环境、信息媒体环境、师生固有水平等）、课中生成的环境（师生关系、师生课堂态度等）以及课后生成的环境（课堂文化、课堂规章制度等）。当信息技术介入课堂并成为主导环境因子后，由于系统内部各组分之间的相互作用、相互影响，信息技术能够在一定程度上引领其他生态因子发生同步协变。然而，由于课堂管理机制不健全、课堂生态主体的观念落后等原因，系统组分同步协变的节奏远远达不到现代教育技术迅猛发展的要求，具体体现为部分师生教学理念更新缓慢、信息素养不高、角色调整不到位、新的教学习惯未能养成、学习自主性不高、课堂气氛沉闷等问题。想要提高系统组分同步协变的速度和质量，就必须具体问题具体分析，制定相关政策，采取相应举措，解决相关问题。

4. 有效规避"花盆效应"

伴随着时代的发展，信息化教学成为英语教学的主流，在这一教学过程中，"花盆效应"产生，并影响着课堂生态。例如，部分教师为了减轻备课压力，依赖电子课件开展课堂教学，从表面上看，这的确为英语教学带来了极大的便利，然而，这同时也阻碍着师生的可持续发展，从这方面看，教师必须合理利用信息技术，不能过度依赖信息技术所带来的便利，应当注重自身的发展，有效规避"花盆效应"。还有一部分人错误地将课堂教学环境与教学设备的价格相联系，认为设备越贵则环境越优越，实则不然，要想构建理想的课堂生态环境，就应该遵循适量原则，选择合适的教学设备展开教学，进而推动师生的可持续发展。

帮助学生养成自主学习的习惯，增强学生对学习环境的适应力，使他们能够适应各种环境因子，是避免"花盆效应"产生的主要措施，同时，这样还能够调节学生与学习环境之间的关系，推动学生在自我调整中实现自我的可持续发展。

5. 调整课堂生态因子的生态位

为了保持系统的正常运行，生态系统中的种群、物种都具有一定的时空位置和功能。因此，课堂教学生态中所有要素都具有各自的生态位。信息技术强势介入英语课堂教学后，带来了系统内部生态位重叠、特化等问题，逐渐演变成了课堂的主导因子，造成了系统的失衡，破坏了系统各组分之间的和谐关系。因此，信息化语境下，随着信息技术的广泛使用，要适当地调整教师的生态位。例如，在缺少课件的情况下，教师可上网搜索资料，在一定程度上，丰富的学习资源影响了教师的专业发展，造成了生态位特化。另外，随着英语教学信息化的推进，学生生态位也需要调整，学生的地位和功能发生了显著的变化。因此，为了激发学生的学习兴趣，可以通过个性化培养来规避学生间激烈的竞争，有助于学生找准各自的生态位。

6. 有效控制限制因子

要控制课堂生态中的限制因子，首先必须辨识诸多生态因子中谁是真正的限制因子。因此，必须进行有意识的观察，观察之前要增强如下意识：第一，每个生态因子都可能演变成为限制因子；第二，限制因子有别于一般的影响因子，其影响已经接近或达到课堂生态主体的耐受限度；第三，该因子阻碍了课堂生态主体的成长。

想要控制课堂生态中的限制因子，还必须根据反馈信息进行调节。在课堂生态中，需要调控的限制因子是受控主体，实施调控行为的生态主体是施控主体，施控主体在分析受控主体运行的可能性空间的基础上，通过限定一定的条件控制受控主体，并从受控主体获得反馈信息。如果是正反馈，则需进一步调控；如果是负反馈，则调控起到了使系统运行接近目标的作用。在信息化外语课堂教学过程中，教师和学生都要养成不断观察和分析的习惯，预测或发现限制因子，然后通过分析和条件控制进行调控，同时获取调控后的反馈信息，判断调控行为是否有效。例如，在信息技术介入英语课堂后，可以通过分析预测到教师信息素养不高可能产生的负面影响，于是通过教育培训等手段进行调控，获得反馈信息，然后再调控，直至达到预期目标。

第四节　英语教育生态空间与学生核心素养协同培育

一、教育生态空间

生态空间有广义和狭义之分，广义上的生态空间指处于宏观稳定状态下的所有物种所占空间的总和；狭义上，生态空间一般是指承载自然生态系统或者模拟自然生态系统的某一地域的空间范围。生态空间同样具有广泛的适用性，如果说生态空间是某物种所占据的环境总和的话，那么教育生态空间则指教育所需的从宏观教育系统到微观教学空间的各生态要素相互协作、彼此协调的空间环境总和，它能有效整合教育资源，实现宏观教育政策、中观学校管理和微观教学运行的协调发展。在教育生态空间的作用下，基础教育核心素养与学科素养、教师素养、教学素养、课堂素养形成合力，使学生在基础教育阶段具备相应的、适应社会发展的核心素养和能力。

教育生态下，教育主管部门、学校、教师、学生以及其他所有教育要素一起构成了教育整体生态空间。同时，教育主管部门、学校、教师、学生等主体又按照一定的生态规律构成各自的生态空间，比如政策生态空间、管理生态空间、教学生态空间、课堂生态空间等，它们在自成生态空间的同时又相互作用和相互依存，形成不可分割的动态整体。纵观来看，我们可以从以下三个方面来理解教育生态空间。

（一）开放性与教育空间效应

生态系统就是在一定空间中共同栖居的生物群落与其环境之间不断进行物质循环和能量流动而形成的统一体。① 由此来看，教育生态空间是一个开放的空间，它必须与社会其他空间进行交流、了解和交换，才能摄取信息和资源，保持教育发展的活力和教育空间的稳定生产。这种开放性展现了教育空间各要素相互作用的空间效应，在一定程度上使教育表现出一定的空间形态、空间分布与空间运动规律。可以说，开放性是教育生态空间的本质属性和要求，故步自封的教育是无法想象的。教育空间的开放性使教育部门一方面从宏观上对整

---

① 刘超. 生态空间管制的环境法律表达 [J]. 法学杂志，2014（5）：37.

个教育生态空间起着组织决策、监管督促、指挥协调的中枢作用，保证教育资源在空间扩展的合法性和有效性；另一方面发挥着参谋辅助、咨询服务、联络沟通等服务功能，引导教育资源的合理流通，防止教育资源的过度集中，以此促进整个教育生态空间的持续、稳定、健康生产。因此，学校等教育机构必须以开放的姿态确立办学定位和人才培养，形成教育的微观空间效应，允许不同声音、不同知识的相互"唱和"。从本质而言，教育空间的开放性就是教育的兼容并蓄，这正是不同学科之间协同并进，师生共同发展的关键。

（二）整体性与教育空间功能

整体性是教育生态空间最基本和最突出的特征，教育生态空间中的各生态主体因子相互联系又相互制约，共同组成一个具有一定功能的有序整体。在教育生态系统中，教师和学生是最重要的生态位，形成他们各自独特的空间，发挥各自相应的空间功能。各教育生态因子的规律性组合所形成的教育空间整体具有与各子生态空间相同而又不同的生态功能，各子生态空间在整个教育生态空间位置上的作用不可互相代替。一方面，教育生态空间按照自然生态空间的要求进行自我调节，比如根据教育的市场导向、人才培养的社会需求等进行信息、资源的交换和人员的调整；另一方面，教育是人的教育，教育生态空间是一个人为的生态空间，具有"人"的调节功能。教育生态空间利用自我调节和人为调节机制实现教育生态空间平衡—失衡—新的平衡的发展过程，这个过程也是教育生态空间整体性特征的具体体现，从而保证了教育生态空间下学生核心素养与宏观政策、学科、学校、师生协同培育的稳定发展。

（三）多样性与教育空间行为

教育生态空间的多样性是以整体性为前提。根据生态系统整体性原理，每个生态空间都是由更小的子生态空间组成，而每个子生态空间也是一个完整的生态体系，具备自我调节的能力。教育生态空间也是如此，教育生态空间的多样性充分体现了教育资源的丰富性和教育的异质性。也就说，课堂是教学生态的一个空间，同时也自成一个生态。教育空间的多样性能够对教育的空间行为产生重要影响，空间行为是指将生物自身的空间活动作为研究主体，试图解释生态空间异质性的动因。那么，教育的空间行为就是将教师和学生的空间活动作为研究主体，也就是研究教与学的活动。空间行为的异质性原理充分阐释了课堂教学的差异性和个性化教学行为，有利于核心素养培育个性化与教学生态多样化的协同发展。

二、核心素养

（一）核心素养的内涵

关于核心素养的内涵和框架，不同的国际组织与国家有不同的理解，受到教育目标的共性与特性的影响，这些理解既有共同点也有不同点。例如，欧盟以"终身学习"为指向，构建以"知识、技能和态度"为三维的"母语沟通能力、外语沟通能力、数学和科技基本素养、数字（信息）素养、学会学习、社会与公民素养、创新与企业家精神、文化意识和表现"素养体系。美国以"职场需求"为导向，构建"美国 21 世纪技能联盟"素养框架。俄罗斯以"公民日常生活和文化休闲质量"为特色，构建"认知素养、日常生活、文化休闲、公民团体和社会劳动"五个方面的核心素养体系。亚洲国家和地区则以"价值观"为中心，力图构建各自的核心素养框架。

可以看出，虽然各个国家或地区以及国际组织对核心素养的内涵阐释各有侧重，但基本是围绕个人修养、自主发展和社会参与三个方面展开，强调解决复杂问题和适应不可预测情境的能力，反映了世界各国教育改革的基本趋势和愿望。

（二）核心素养培育的"类"属和"种"属特征

从以上分析可以看出，空间差异和学科差异造成核心素养培育的不同要求，这是微观教育生态空间下核心素养培育的"种"属体现，或者说核心素养培育的特性体现。同时，学生首先要以"知识与技能、过程与方法、情感态度与价值观"为三维目标，逐步形成适应个人终身发展和社会发展需要的必备品格和关键能力，这是宏观教育下核心素养培育的"类"属体现，也就是核心素养的共性。"类"属是学生核心素养培育的基础，或者说"类"属是学生之所以为学生的体现。因此，"类"属决定了核心素养不只是特定人群或特定学科的个别化素养，而应该是适用于一切人应对一般情境所需要的普遍素养，这也正是核心素养协同培育的必然之所在。那么，学生核心素养的差别就体现在学科、专业、技能等方面，这些差异在不同高校以及学科和专业之间千差万别，从而表现为核心素养的"种"属特征。学生核心素养是一个从"类"属到"种"属的培育过程，是在"类"属培育的基础上进行"种—类"结合培育的过程。这就要求学科之间要相互融合，相互补充，构建课程自主生成机制。课程生成在确保了"类"属素养培育的前提下，可以根据学生的不同性格、不同学科进行差异化培育，形成比较完善的学生核心素养协同培育体系。

三、基于教育生态空间的学生核心素养协同培育途径

（一）核心素养与学科核心素养协同培育

核心素养的培育离不开学科教学，通常情况下，学生的素养结构取决于学科课程的架构，同时学科课程的构架还为宏观教育生态空间的顺利运行奠定了基础。在宏观教育政策下，要想切实发展学生的核心素养，无论是课程改革的开展，还是修订课程标准，都需要将学科核心素养作为指导纲领，这也就意味着核心素养应该与学科核心素养协同培育。事实上，在实际教育教学中，为了使个体适应社会发展的需求，每一位学生都应当具备一定的核心素养。以各个学科内容、性质为基础，进而制定的培育目标就是学科素养，其不仅关注学科知识结构的构建，还注重学科能力和思维的发展。只有正确处理各个学科之间的核心素养以及核心素养与学科素养的关系，才能真正促进学生核心素养的发展。倘若无法恰当处理此类关系，那么就会导致各个学科之间的边界被强化，违背学科融合渗透发展的趋势，同时也无法利用发展学生核心素养的方式推动课程、深化改革。基于此，只有将培育学生核心素养与学科素养有机融合，共同形成合力，构成高度统一的教育目标与课程目标，才能切实发展学生的核心素养。

（二）师生"核心素养共同体"的协同发展

正如我们所知，宏观教育生态的发展会受到学校教育生态的影响，反之亦然，也就是说，两者相互影响，如此，从学校生态层面来看，要想协同培育学科与学生的核心素养，教师就应该全面发展学科知识，不能局限于单一学科知识的发展。这也就意味着，教师需要不断丰富学科知识，同时学校也要关注教师的发展，采取各种措施不断提升教师的教学质量。教师作为教学中"教"的主体，理应具备丰富的知识素养，能够为学生树立学习的榜样，既要不断向外输出知识，为学生的发展指引方向，又要输入知识，不断提升自我。教育生态系统之所以能够健康运行正是得益于学校、教师作为学校教学的实施者，他们承担着转化的作用，推动了学生核心素养的发展。教师利用转化功能将已经确立的核心素养指标落实到学校教育教学中。从这一方面看，教师只有在自身具备一定的核心素养的前提下，才能感染学生，帮助学生培育核心素养，共同进步，相互提升。

（三）核心素养与教学生态体系协同构建

师生"核心素养共同体"的形成在很大程度上促进了教学生态体系的构建。核心素养培育是一项整合性的复杂工作，它的有效开展须立足于课程开发和学科建设，借助于教师素养提升，最终落实到教学实践之中。这就要求教学要从"知识导向"向"素养导向"转变，关注学科的思维品质和学科能力，构建起素养型教学生态体系。素养型教学是学生核心素养培育的必然选择和基本路径。核心素养"类"属特征要求教学生态空间体系遵循整体性和连贯性原则，统筹核心素养培育的各项要素，构建课程生态体系。核心素养目标与课程目标的实现具有同步性，核心素养的目标是根本，课程目标是实现核心素养目标的基本手段和途径。课程体系是在学科体系的基础上，按照学科教学规律，解决"如何教"的核心问题。那么，教学生态空间下的教学目标、教学内容、教学环节、教学方法和手段、教学组织形式以及教学评价等都是基于师生"核心素养共同体"，围绕核心素养培育而展开，共同实现培育目标的一致性和共融性，有效实现了学生核心素养培育与教学生态体系的协同构建。

（四）核心素养培育个性化与教学生态多样化的协同发展

教学生态系统的构建最终要落实到课堂，生态课堂是一个充满多样性和差异性的教学空间，是教学同中求异、塑造个性最直接的空间场所。如前所言，核心素养培育"类"的属性保证了学生在教育阶段为适应社会发展所需要的最基本、最关键的品格和能力，但并不是说核心素养的培育具有千篇一律性，教育恰恰是要基于核心素养培育"独一无二"的个体。在教育生态空间的作用下，核心素养具有个性化和差异性，它在保证实现学生核心素养基础品质的前提下，允许每一个学生发展个性化品质和特点。那么，学生核心素养培育的个性化必须与教学生态的多样化协同进行，多样性和差异性的教学方法是实现学生核心素养个性化培育的有效手段。可以说，多样化教学是核心素养个性化培育的"摇篮"，而核心素养的培育是一个长期变化发展的动态过程，那么课堂教学就必须具备这种长效性、多样性和互动性。多样化教学首先要营造一个生态化的课堂空间，允许不同的声音相互认知和"解读"，形成教与学之间的良性交互关系，这种交互关系必然要求以课堂生态空间为前提的多样化教学生态系统的构建。反过来，这种动态性、交互性的多样化教学模式必然推进学生核心素养的有效培育，实现学生核心素养培育个性化与教学生态多样化的协同发展。

由此可见，教育的宏观生态和微观空间有效保证了教育政策以及学科发展、教学管理、教师提升、教学质量等方面的健康运行。在此前提下，协同培育是核心素养培育的支点，引领并整合教育生态空间中的所有要素，保障、支撑核心素养的逐级实现。学生核心素养"类"属培育的总体性和基础性决定了协同培育的必然性，其培养目标的层级性和培育过程的协同性则要求教育教学的多样性和差异性，两者是核心素养在"类"属和"种"属培育上的必然选择。在核心素养培育过程中，我们一方面要处理好教育生态空间中各要素的协同关系，注重基础性和关键性素养培育，另一方面要协调好协同培育与差异教学之间的关系，提倡个性化培育，构建开放、有序的核心素养培育生态体系，切实提高学生适应终身发展和社会发展所需的核心素养和能力。

第七章　英语信息化教学

英语信息化教学的实现可以借助多样化的教学形式来完成。本章主要系统论述了微课、慕课、翻转课堂以及混合式英语教学是如何开展的。

第一节　微课融入英语教学

一、微课概述

（一）微课的定义

在对微课的概念进行定义时，不同学者有着不同的研究角度，理解可能也会有一定差异。我国学者对微课的定义，可以分为三大类：第一类要突出"课"的概念，认为微课是一种短小的教学活动；第二类则是要突出"课程"的概念，应包含课程计划、课程目标、课程内容和课程资源等内容；第三类是对应"教学资源"的概念，需要制作微课数字化学习资源包以及在线教学视频等。这三类概念在内涵上有着共同点，如结构完整、内容短小、针对性强、以微视频为载体以及面向学习者等。

在对微课的概念进行相应的分析后，可以认为微课实际上就是一种能够直接贯穿教师的"教"以及学生的"学"的新型课程资源，而微课程就是由微课和微目标、微练习、微讲义以及微教案等与之相匹配的因素共同组成的。当教师借助于微课进行教学时，教师与学生之间可以在课前及课后，对于精练的课程内容进行良好的交互，这就形成了有意义的教学活动。

（二）微课的特点

第一，对于微课教学来讲，其最突出的特点就是时间短。构成微课的核心部分就是教学视频。为了与学生的认知特点相符，微课的时长应当维持在 10 分钟之内，一般为 5~8 分钟。从时长上看，微课与传统课堂教学的时长无法相提并论，因此，微课又被称为微课例。①

第二，微课的教学内容比较少。与传统课堂教学相比较而言，微课由于时间短，需要将教学重难点集中，教师会将整堂课的精华提炼成微课视频，进而展开教学。传统的课堂教学需要完成复杂的知识点教学，而微课通常用来教授重难点知识，显然，微课的内容更加精简。

第三，微课视频所具备的容量较小。目前，微课视频与配套辅助教学资源的总容量仅仅维持在几十兆左右，通常将视频格式制作为流媒体格式，以实现网络在线播放，如此，教师与学生便可以利用网络技术在线观看微课视频，同时也可以在线查看教学资源。另外，为了方便师生在没有网络时也能够研究微课视频，还可以将视频或资源下载保存，以便随时观摩。

第四，微课资源构成呈现出情景化特点。通常情况下，教师在选择微课教学内容时，十分慎重，不仅要突出主题，还要保证结构完整。微课教学以视频教学为主，利用丰富的教学资源，建构主题突出、形式多样、结构完整的教学环境。从实质上看，微课显现出视频教学案例的特点，基于具体化、真实化的案例教学情景中，无论是教师，还是学生，都很容易发展自身的思维能力，更新教学观念，丰富技能等，一方面，有利于增强教师的课堂教学能力、发展教师的专业技能，另一方面，能够有效提升学生的学习能力、丰富学生的知识素养。在学校教育发展过程中，微课不仅为教育教学模式改革奠定了基础，还为师生教学提供了丰富的教育资源。

第五，微课的教学内容具体，且主题突出。一般地，与传统课堂教学有所不同，一节微课由于时间有限，通常只涵盖了某一重点，而并非全部；在教育教学具体实践中，往往会出现各种各样的问题，微课所研究的问题正源于此，既可以是生活思考、教学反思，也可以是重难点强调、学习策略、教学观点等，学生可以通过与他人共同讨论的方式解决问题。

第六，微课教学不限制创造者，且具有趣味性。具体而言，微课课程的内容比较少，这就为人们制作或设计课程提供了机会。师生是使用微课课程的主要对象，之所以研发微课课程就是为了将教学目标、内容与方法紧密结合，因此，在制定课程内容时，必然会选择令人感兴趣的问题，以增强课程的吸引力。

第七，微课的研究成果易转化，且具有多样的传播形式。基于微课主题突

---

① 黄强. 微课制作与创新教育 [M]. 哈尔滨：哈尔滨出版社，2020.

出、内容具体等特点，使得研究内容能够简单地表达出来，转化研究成果；微课课程时间短、容量小，既可以利用手机传播，也可以在网络平台上传播。

（三）微课的构成要素

1. 目标

目标是指教师预估微课教学模式的适用教学阶段，以及期望教学所要达成的结果。因此，英语微课教学模式主要包含以下两层含义。

（1）应用目的，即设计开发微课模式的原因。这与微课模式是在课前、课中还是课后运用有关，如为学生的课后练习提供指导而制作的相关练习讲解的微课。

（2）应用效果，即教师在使用微课教学模式后期望学生所能够解决的具体问题，如掌握某一题目的解题技巧、引发学生思考等。

通常，微课教学模式的目标是具体明确、单一的，其对于微课内容和应用模式的选择有着重要的指导意义。

2. 内容

内容是指为微课模式预期服务的，与特定学科相关的有目的、有意义传递的信息与素材，也是教师实现预期目标的信息载体。[①] 在具体的教学中，教师应根据微课的目标，并结合学生的学习情况以及准备应用的教学阶段等教学实际来设计微课模式的内容。微课内容不同，教师对教学活动的设计也不相同。但是，由于微课的时间很短，内容上往往具有主题明确、短小精悍、独立的特色，因此教师有必要精心选取微课的内容。

3. 活动

主体与环境发生相互作用，由此，产生了活动。在实际微课教学过程中，教师作为活动主体会与微课这一客体相互作用，进而产生了教的活动，在这一活动中，学生能够接收到教学信息，进而对课程内容产生思考。由此可见，教的活动的顺利进行，有利于微课目标的实现。一般地，将教的活动划分为演示、讲授、操作、互动等几种类型。

4. 交互和多媒体

教师要顺利完成教的活动，就需要借助一些特定工具，来保证学生能够正确理解微课内容的意义，从而实现学生与微课的相互交流。在微课中，这些工具包含以下两种。

（1）交互工具。学生进行微课学习，能够促进学生与微课间进行操作交

---

① 杨雪静. 高校英语教学模式创新研究［M］. 长春：吉林人民出版社，2019.

互和信息交互。

（2）多媒体。多媒体是一种呈现工具，能够更好地帮助教师对教学内容进行表达和解释，提高学生在进行微课学习时与学习资源间交互的有效性，如微课中课件、动画、图形、图像等的呈现。

二、微课融入英语教学存在的问题与策略

（一）微课融入英语教学存在的问题

1. 微课的课程内容不够精练、生动

微课视频一般不宜超过十分钟，但是在实施过程中却比传统教学要难，这与微课的基本特征有关。微课虽然时间短，内容少，但所含内容是专业性很强的知识点，要在有限的时间内让学生理解掌握实属不易。在此过程中，教师不仅要组织好语言，还得保证教学的流畅性，教学内容也一定要讲解透彻。所以，教师在微课录制过程中一定要设计一些有趣的环节或是用幽默诙谐的语言来调动学生的积极性，让他们在一个轻松愉悦的氛围中学习。可是，在真正录制微课时，教师因为在此方面经验不足，所以对于教学方法的运用、知识点的选取等多方面都存在不足之处，并且过于注重缩减时间，忽略了更为重要的知识讲解模式。甚至有很多教师直接缩减平日上课所用的演示文稿，再把它制作成微课。

2. 微课的制作技术有待提高

英语微课视频的录制离不开视频制作，视频录制是微课制作必不可少的环节，完成微课视频的制作要求英语教师要掌握一定的视频录制的能力。通常，是用手机或者专业的录制设备录制微课。视频画面的清楚性和声音的清晰度等因素直接决定了英语微课视频的质量。但是，绝大多数的英语教师对于视频的录制基本上没有进行过专业培训，对视频的录制以及处理的程序和技能也不太清楚，微课的制作技术有待提高。

3. 微课的教学内容还未形成体系

因为微课的发展进程较短，教师对它不够了解，操作也不够熟练，而且日常的工作也比较繁忙，没有太多的时间对微课进行深入的研究，因此录制难以持续进行，无法将所有的知识点全部联系起来做成微课，只是针对具体某一个句型或是某一个词组来展开教学，所呈现的知识比较零散，无法连贯串通，更不能构成一个整体。像这种零散的知识学习反而可能让学生比较困惑，也失去了学习的方向，而且学生也不能借助微课来整理和学习完整的知识。教学过程

需要严整有序，如果学生所接触的知识都是零零散散的，不仅难以理解所学内容，甚至会降低他们的学习兴趣。

（二）英语教学微课存在问题的解决策略

1. 为英语教师开通微课制作技术培训通道

制造优质的微课视频离不开英语教师熟练的操作技术，教师们不仅需要掌握最基本的微课理论制作知识，还要克服各种技术难关，掌握视频制作的基本技巧，熟练操控微课制作的应用软件。

有些英语教师在微课视频的制作过程中碰到困难和阻碍，甚至产生了放弃的想法，面对教师们的畏难情绪和不自信的情况，有关部门需要积极开展相关培训活动，开通技术支持通道鼓励教师制作微课视频。此外，学校也要充分整合校内外资源，搭建校园沟通内训平台，可以专门聘请技术人才来提高英语教师制作微课视频的能力。

2. 相关部门组建英语微课视频研发队伍

相关部门要组建专门的队伍对英语微课视频进行研发，尤其是教育部门要进行牵头，充分整合所有教育资源，调动科研立项和资源整合来吸引更多的专业化人才，尤其是视频制作方面的技术人才，通过合理的人员分工共同制作英语微课视频。英语微课视频的制作不仅要高质量、高效率，还要有系列化的内容。有关部门要积极推进英语微课视频制作团队的构建，多开展英语微课视频的项目活动，如以小组专题研讨的形式开展英语教师的交流活动，以培训授课的方式组织英语教师进行微课视频的制作与设计。

3. 英语教师强化英语微课视频的系统性

微课视频可以围绕辅导教材的内容进行展开，将英语教材知识融入制作过程中，从而形成系统化的视频内容，以便于微课视频应用于英语教学课堂和教学的方法中。系统化的微课视频有助于学生及时获取英语知识、形成完整的知识框架、掌握英语学习的技巧方法、把握英语学习的重难点，并且能够有的放矢，在薄弱的地方加强学习、擅长的地方继续巩固，使学生的英语综合能力得到不断提升。

第二节　基于慕课的英语教学

一、慕课概述

（一）慕课的定义

所谓慕课（MOOC），顾名思义，就是大规模开放的网络在线课程，音译为慕课。字母"M"，即 massive，译为大规模；字母"O"（第一个），即 open，译为开放；字母"O"（第二个），即 online，译为在线；字母"C"，即 course，译为课程。① 与传统课程只有几十个或几百个学习者不同，一门慕课课程动辄有上万人参加。慕课以兴趣为导向，凡是想学习的，都可以进来学，不分国籍，只需一个邮箱，就可注册参与。慕课学习在网上完成，不受时空限制。

（二）慕课的特征

1. 大规模

大规模意味着学习者数量不做限制，与传统课程只有几十个或几百个学习者不同，一门慕课课程动辄有上万人参加。大规模主要是指大量的学习者，也可以指大规模的课程活动范围。在未来，随着该模式的普及及其影响力的扩大，参与者还会更多，因此慕课是一种巨型课程。

2. 开放性

开放性是说慕课的学习者可能来自全球各地，信息来源、评价过程、学习者使用的学习环境都是开放的。在美国，慕课是以兴趣为导向的，凡是想学习的，都可以进来学，不分国籍，只需注册一个账号，就可参与学习。为此，我们强调，只有当课程是开放的时候，它才可以称之为慕课。因而，慕课能够将分布于世界各地的授课者和学习者通过某一个共同的话题或主题自愿联系起来。

---

① 欧阳芬，张泉，殷可嘉．慕课与教师专业发展［M］．天津：天津教育出版社，2016.

3. 非结构性

从内容上看，慕课大多数时候提供的只是碎片化的知识点，是一组可扩充的、形式多种多样的内容集合。这些内容由相关领域专家、教育家、学科教师提供，汇集成一个中央知识库。这些内容集合的独特之处在于能够被"再度组合"——所有的学习资料未必堆砌在一起，而是通过慕课彼此关联。

一般而言，在西方，慕课并没有一个组织者进行课程的顶层设计。起先，它只是一些热心教育的人提起的，或者一些领域顶尖的专家为传播该领域的知识而提供的志愿者服务。后来，有一些学校出于授予学位或学习证书的需要，试图对慕课设立课程标准，以便为其课程与学位提供质量保障。

在我国基础教育领域，当前已经走出了微视频仅仅提供课后辅导的角色，进而试图借助慕课，实现课堂的翻转。由于中小学的课程主要是以教学目标或课程标准为基础的，因而，在提供碎片化知识的同时，让教师与孩子共同理解知识点之间的内在逻辑乃至一门学科的知识，也被作为重要的问题提了出来。这就决定了在中西方之间慕课建设会有很大的不同，我们把中国的慕课学习称为基于系统设计的碎片化学习，它在结构形态上与西方的慕课有一定的区别。

4. 自主性

自主性在不同的学者中有着不同的理解。在关联主义的慕课推崇者看来，其一，自主性意味着慕课没有明确的学习预期，学习者可以自设学习目标；其二，虽然有特定的学习主题供参考，但在什么时间、地点学习，阅读多少资料，投入多少精力，进行何种形式和程度的交互等都由学习者自己决定；其三，没有正式的课程考核。当然，需获取学分的在校学生除外，学习者根据自己的学习预期对自己的学习收获进行评判。因此可以说，关联主义的慕课几乎完全依赖于学习者的自我调控。

然而，在大多数学者尤其是关注慕课建设的学者看来，慕课的自主性主要意味着学生对自己的学习承担责任。根据教师提供的教学内容，学生可以自定学习的方式、步骤、时间，自主地讨论与研究，主动且积极地学习。

（三）慕课的发展趋势

1. 新型慕课将走向独立

在现代技术的辅助下，课堂教学被转移到了网络上，进而形成了慕课的雏形。出于对全新的教学方法的好奇心，学生对其产生了浓厚的兴趣。伴随着网络技术的飞速发展，人们开始将其广泛应用于教育教学中，这极大地推动了教学的发展，从某种程度上讲，技术与人都推动了慕课的发展。

然而，就目前现实情况而言，传统课程仍然是慕课供应商所提供的主要课程，也就是说，教师仍然是课堂教学的主体，不同点在于教学内容是利用现代技术呈现出来的。显然，这种慕课不符合当前教育发展的需要，急需改革。与传统教学有所不同，新型慕课所遵循的教育理念是关联主义。由此可见，这两类慕课并不相同，史蒂芬·道恩斯作为网络教育与新媒体设计师，分别将这两类慕课教学命名为传统慕课和关联慕课。

关联慕课强调聚合体，保证学习内容可通过通信或网络让学习者随时接触；强调重组性，讲究课程内部人员间分享各种学习资源；强调重新定位，梳理与重组各种不同的学习资源，以适应不同学习者的个性需求；强调正向输送，将重新定位、重组过的学习资源与其他人员分享，并传递给世界上所有感兴趣的人。关联慕课最有助于合作对话与知识建构。

由此可以看到，关联慕课正在走向独立、成熟，并在努力与传统学习方法乃至教育融为一体。由此不难推断，传统慕课在未来网络教育中所发挥的作用将会逐渐减少，而关联慕课将会成为未来慕课的发展方向。

2. 教师教育理念与方法将产生巨变

毫无疑问，教师角色将会被慕课教学改变。学生正处于好奇心强烈的时期，他们很容易被网络课程所吸引，教师可以利用这一点，将课程上传至网络平台，以影响更多的学生。当慕课课程形成之后，教师便会意识到，随着课程建设者的增多，自己仅仅只是课程建设中的一员，只有与技术员、视觉专家、传媒顾问等合作，才能完成慕课课程的制作。由此可见，慕课是在合作中产生的，在一定程度上有助于构建平等和谐的课堂教学关系。

在传统教学中，教师只能通过测验、考试等形式了解学生的学习情况，而慕课的到来转变了这一现状，慕课课程是全程录像，这为教师回看学生的学习情况和学习状态奠定了基础。慕课课程上传至网络平台可供所有人观看，任何人都能随时发表自己的观点，这就使得教师能够及时发现自己在教学方面的不足之处。这也就意味着教师同样可以利用网络观摩慕课视频，不断反思自己，改善教学，提高教学质量，提升个人教学能力。

当前，教师需要意识到下述问题：学生利用网络便可以学习名家课程，如此，他们便不会再去选修主题相同的课程。针对这一问题，部分专家学者尝试通过转变教学方法的形式推动教学，他们鼓励学生利用网络学习知识，而将课堂作为解答学生疑惑的平台，将课堂转变成学生集中讨论的场所。就教学结果而言，这种教学方法增强了教学效果，受到了广大学生的欢迎，有助于提高学生的理解力、思辨力和解决问题的能力。

3. 学生的学习方法将大为改观

伴随着慕课的发展，学生学习的方式也产生了重大变化。在传统的课堂教学中，学生作为知识接受者，获得知识的主要方式是聆听教师讲课，然而目前，学生可以利用网络技术自主学习网络课程，而且他们可以根据个人实际学习情况，选择自己未掌握的知识进行学习，同时还可以重复观看重难点。当学生遇到不懂的地方，可以通过留言的方式获得答案，当前，部分网络课程已经拥有了自动回复问题的功能。

在教学中，广泛应用慕课技术，不仅能够使人们意识到网络技术对于教育发展的重要意义，同时还会扩大网络技术的应用范畴，丰富网络学习方法。

二、慕课融入英语教学的意义

（一）有利于保证教育的公平性

我国在教育方面存在着地域差异，影响着教育的公平性。相关人员曾做了大量的调查，根据调查结果可以看出，我国东部地区的教学资源和水平要远远高于西部地区，因为东部地区的经济发展相对更迅速，西部地区的经济发展水平较低。在英语教学中，应用慕课教学模式，存在很多优势，它可以保证英语教学的公平性。慕课这种全新的教学方式更加开放，经济落后地区的学校如果在英语教学中合理运用慕课这种教学方式，可以获得各种先进的教学资源，一方面，可以使其英语教学水平不断提高；另一方面，还可以缩小其与经济发达地区学校之间的差距。教育者经常说利用慕课可以保证高等教育的公平性，主要是因为慕课不但可以保证教学内容和教学方式等方面的公平，还可以合理分配各种英语学习资源。在大多数情况下，慕课的内容都是由英语教师制作，其中包括各种英语知识等，慕课内容的正确性基本可以得到保证。除此之外，慕课中的学习资源比较丰富，学生按照自己的实际情况挑选适合自己的学习内容，并且运用慕课学习英语知识，难度比较低。所以，慕课这种教学方式具有很强的灵活性。学生在使用慕课时，可以按照自己的实际情况制定学习计划，这样既可以让学生合理利用时间进行学习，又可以使学习的效率不断提升，激发学生学习的积极性。

（二）有利于分层教学目标的实现

在大多数学校中，通常都采用课堂教学的方式，但是实际上，课堂教学无法表现出学生的个性化，因为每名学生的英语基础、接受知识的能力等情况都不同，课堂教学模式无法顾及全部学生。在这种情况下，在英语教学中，使用慕课进行教学，可以实现分层教学的目标。教师可充分利用互联网上的各种教学资源，全面分析和掌握每名学生的学习能力和英语水平等情况，在这个基础上为学生分配合理的英语课程，根据学生的学习能力，制定合理的教学计划，满足每名学生的学习需求，达到因材施教的目的。教师在运用慕课的过程中，可以及时了解学生的学习情况，掌握学生学习中遇到的问题，根据学生的实际问题为其提供合理的解决办法，降低英语学习的难度，调动学生学习英语的积极性。

（三）有利于丰富英语教学的内容

与传统的课堂教学相比，慕课教学具备更为丰富的内容。慕课的出现，突破了时空的限制，学习者无论在何时何地都可以利用网络学习知识，这推动了信息资源共享的实现。在网络技术的辅助下，慕课课程不断更新，与传统英语课堂教学相比，慕课课程的教学内容更加生动，教学方法更加先进且丰富，同时所需的教学时间也比较短。一般地，通常将慕课课程划分为多个模块，重难点知识便隐藏在各个模块之中，教师需要利用有限的慕课教学时间开展教学，教授给学生重难点，利用各种教学方法集中学生的注意力，使学生积极参与学习活动，进而增强教学的实效性。与其他课程有所不同，慕课属于生成式课程，知识会随着课程的开展而逐渐丰富，师生之间共享学习资源，共同推动教学活动的开展。从这方面看，慕课课程教学内容比传统课堂教学内容更加丰富。

（四）有利于英语教学手段的优化

纵观传统英语教学模式，教学的核心是教师，教师发挥着主导作用，教学问题的解决主要依靠师生的交流与互动。慕课作为全新的教学模式，不仅具有鲜明的互动性，而且还彰显出开放性、自主性等特点，彻底转变了传统英语教学的理论与方式，同时也丰富了教学方法。在慕课课程教学中，学生往往利用观看视频的形式展开学习活动，突破了课堂管理的限制。从这方面来看，教师应当将教学的重点放在怎样引导学生积极展开学习活动上。教师要想切实增强教学效果，就应该既认真设计慕课视频，又要在后期交流活动中发挥引导作用。

（五）有利于提高学生的兴趣和自主学习能力

第一，学生可以根据个人兴趣选择学习方式。这极大地增强了学生学习的自主性，能够激发学生对英语学习的兴趣。

第二，选择个性化的学习方式。课程的真实进度会受到学生的学习能力以及综合知识素养的影响。学生在网络技术的辅助下，能够享受到丰富的网络资源，在这一过程中，学生应当按照自身需求合理安排学习任务，从而提升学习的效果。

第三，选择自我检测的方式。在学习的过程当中，教师可以根据进度为学生安排相应的检测，及时公布检测的结果及答案，根据检测的结果，学生可以清楚地掌握自己学习的效果，然后根据自身需求再一次进行检测，从而巩固已经学习的知识，增强自身的能力。

第四，选择互相合作的方式。当前，有很多大学生被慕课教学所吸引，这主要是因为他们往往对网络社区有着浓厚的兴趣，社区氛围通常较轻松，因此，学生能够利用网络社区发布自己的作品并查看他人的作品，在交流中获取经验，共同进步，共同成长。

三、慕课融入英语教学的策略

（一）将传统教学模式与慕课教学模式相整合

一直以来，传统英语教学都存在很多弊端，但其在教学中仍然占据不可替代的地位。为了深入改革英语教学，推动英语教学的发展，英语教师可以在传统教学中融入慕课，充分利用慕课的优点，促使两种教学模式的有机融合。传统教学虽然存在不足之处，但同时也具有其他教学模式无可替代的优势，因此，英语教师有必要在保留传统教学优势的基础上融入慕课教学，提升课堂教学的效果。事实上，翻转课堂作为新兴的英语教学模式就是传统教学模式与慕课教学模式有机融合的典型范例。然而，需要注意的是，英语教师在将两种教学模式进行整合时，必须分清主次关系，以传统教学模式为主，慕课教学为辅。具体来说，英语教师在改革传统教学模式时，需要将学生当作课堂教学的主体，充分调动各种教学方法激发学生参与英语学习活动的积极性，加强教师与学生的交流，同时为学生营造良好的学习环境。另外，在实际英语教学中，教师需要了解全体学生的英语掌握情况，进而据此选择慕课资源。不同的学生由于学习能力不同，对慕课资源的需求也有所不同，因此，教师应该实施针对性慕课教学，为学生提供丰富多样的慕课资源，同时引导他们积极参与学习活动，增强学习效果。

（二）引进国内外优质资源

开放性是慕课的重要特征之一，基于此特征，教师专业性弱的问题可以被弥补。教师可以综合利用国内外丰富的教学资源，并对其加以整合，将其融入传统课堂教学中，同时完善自身的知识体系，根据学生的具体需求选择合适的慕课资源，实施有针对性的个性化教学，推动师生共同发展、共同进步，提升教育教学的质量。①

（三）使学生进行小组学习

在英语教学中，开展小组学习也是推动慕课应用的措施之一。在小组合作学习过程中，学生不仅能够树立起合作意识，增强合作能力，还能够在互相交流中增强英语水平。利用慕课开展学生小组讨论，能够使学生随时随地展开互动与交流，突破了时空的限制。

例如，在教师带领学生进行某一课的课文学习之前，教师可以先要求学生通过小组讨论的方式进行课文的学习，使学生对课文的大意有所了解，并通过自己的方式对课文内容进行复述。在学生进行讨论的过程中，教师可以通过慕课后台了解到学生对课文哪一阶段的学习出现了问题，并且对他们的解决情况进行了解。这样教师就可以在线下教学的过程中针对这一部分的内容进行重点讲授，学生也能够通过这样的教学方式使自己更好地掌握不会、不懂的知识点。在传统的教学过程中，由于时间与空间的制约，学生往往难以进行小组讨论，但是在应用慕课后，教师能够使学生在进行英语学习的过程中采用新模式进行学习，有助于学生英语素养的提升。

（四）通过慕课拓展英语内容

要想真正提升学生的英语水平，增强英语教育教学的效果，单单开展英语课堂教学是远远不够的。在英语课堂教学过程中，教师往往更加注重知识的传授，然而即使学生已经牢牢掌握了教师所讲授的知识，受到阅读量少的影响，仍然无法有效提升自身的英语水平。从这方面看，教师应该利用慕课拓展英语教学内容，为学生推荐多种教学平台并布置学习任务，让学生根据个人能力阅读英语书籍，同时还可以利用网络将英文影片等上传至教学平台供学生观看。学生在慕课教学下，能够更好地提高英语水平。显然，慕课教学有助于增强英语教学的趣味性，激发学生的学习兴趣，使学生积极参与到英语学习活动中。

---

① 李雨耕. 慕课资源下大学英语教学改革探究［J］. 英语广场，2022（28）：35.

第三节　翻转课堂与英语教学

一、翻转课堂概述

（一）翻转课堂的定义

所谓翻转课堂就是把传统的教师在课堂上讲解知识、学生课后完成作业的教学模式颠倒过来，变成学生课前在家学习教师的视频讲解、课堂上在教师的指导下完成作业。①

（二）翻转课堂的特点

1. 教学视频短小

翻转课堂的教学视频短小精悍，大多数的视频时长只有几分钟，比较长的视频也只有十几分钟。每个视频都针对一个特定的问题，有较强的针对性，查找起来也比较方便；视频的长度控制在学生注意力能够比较集中的时间范围内，符合学生身心发展的特征；通过网络发布的视频，具有暂停、回放等多种功能，可以自主控制，有利于学生的自主学习。②

2. 教学信息清晰

翻转课堂的教学视频与传统的教学录像的不同之处在于，翻转课堂的教学视频强调录像环境不要有干扰因素，应采用一对一的讲解方式，让学生感觉教师只是给他一个人在讲课。

3. 学习流程的重新建构

教学流程的颠倒无疑是翻转课堂最明显也是最外化的标志。一般地，我们通常将学生的学习过程划分为两个阶段：其一，师生与生生在互动交流的过程中传递信息的阶段；其二，课后学生巩固所学知识的吸收内化阶段。在第二阶段，也就是吸收内化阶段，失去教师与同伴的支持和鼓励，学生往往会丧失学习的积极性，无法获得学习的成就感，同时还会产生挫败感。翻转课堂作为全新的教学方式，重新构建了学生的学习过程，将信息传递阶段提前到了课前，

---

① 郭建鹏. 翻转课堂与高校教学创新 ［M］. 厦门：厦门大学出版社，2018.
② 何冰，汪涛. 翻转课堂与英语教学 ［M］. 长春：吉林人民出版社，2019.

教师在这一阶段为学生提供丰富的视频资源，同时还提供必要的线上辅导，以帮助学生自主学习英语知识；其将吸收内化阶段转移到了课堂上，在师生、生生互动的过程中，教师能够更好地掌握学生的具体学习情况，并据此给予学生一定的帮助，同时，生生之间的互动交流也能够加深学生对知识的掌握与记忆。

4. 对信息技术依赖程度的增强

在信息技术的支持下，教师能够更好地与学生展开交流，有助于学生参与课外学习活动。另外，教师想要切实掌握学生的课前学习状况，也离不开信息技术的帮助。因此，教师想要提升自身的教学水平，就必须提升信息素养，学会运用信息技术实施教学活动。

二、翻转课堂融入英语教学的策略

（一）英语知识整合归纳

翻转课堂作为英语教学的新模式，对教师提出了以下要求：英语教师应当以教材为基础，同时综合考虑学生的学习情况和兴趣爱好，利用多种教学资源制作教学视频，以供学生课前观看，如此，方能使学生在正式上课之前初步了解英语知识。这也就意味着，整合归纳英语知识是正式实施翻转课堂教学模式的必要前提条件。一方面，关联性体现在英语教学内容之中。英语教学内容通常较为丰富且多样，不仅涵盖了单词、文化等多方面的内容，还涉及人际交往与语言表达等内容。东西方文化存在很大的差异，而且英语思维模式与汉语思维模式也存在着本质的区别，因此，学生在学习英语知识时，很容易遇到各种各样的问题。针对这种情况，英语教师需要在了解知识关联性的前提下，根据学生的学习兴趣，制定教学内容，进而实施翻转课堂教学模式。为了使教学内容更加生活化，方便学生理解与掌握，英语教师可以从学生的实际生活入手，设计教学内容，基于翻转课堂教学模式下，英语教师可以通过创设英语语言情境的方式增强英语教学的魅力，使学生更好地应用语言知识，进而构建完整的知识体系，提升英语专业化素养。另一方面，教师在整合英语知识时，需要充分考虑学生的真实学习诉求与心理状况。在课堂上，很多学生由于种种原因无法集中注意力，再加上英语课堂教学内容繁杂，学生很容易产生厌烦情绪，进而降低教学的效果。为了改善这一状况，英语教师应当充分汲取国外翻转课堂教学经验，缩短教学视频的时间，增强教学视频的趣味性，以吸引学生的注意力。另外，英语教师还需要研究教学内容的整合问题，思考怎样才能利用有限的时间呈现出教学重难点知识，同时又要保证各个知识点之间的条理性与关联性，使学生真正掌握视频所教授的知识，为课堂教学的顺利进行奠定基础。

（二）制作英语教学视频

英语教师作为知识的传授者，为了增强教学的实效性，在利用翻转课堂教学模式开展教学时，需要在掌握学生具体英语学习情况和学习能力的条件下合理设计教学视频，确保教学视频内容不会超出学生可接受范围，同时突出主题，强调重难点知识，使学生通过自主观看教学视频，能够掌握基础知识，同时树立自主学习意识。教师在制作英语教学视频的过程中，除了需要确保内容清晰之外，还需要避免使用无关的音乐与动画，以免分散学生的注意力。英语教师应该从自身实际情况出发，选择合适的方法制作英语视频，可用于教学视频拍摄的设备有很多，包括摄像机、手机等。为了使讲解内容更加丰富，英语教师需要提前搜集教学资源与素材，并对其进行整合。

（三）科学设计课堂教学

在英语教学中应用翻转课堂教学模式，有利于突出学生的主体作用，使学生意识到自身的主体地位，进而激发学生学习的积极性与主动性。一般地，在翻转课堂教学模式下，学生需要在正式上课之前利用教学视频开展自主学习活动，这不仅能够帮助学生掌握英语知识，还有利于激发学生的学习欲望。[①] 从这方面看，英语教师应当重视互动与交流活动，充分调动自身的知识体系为学生答疑解惑，构建生动形象的教学情境，使学生切实掌握英语知识，同时提升英语知识的应用能力。

（四）针对性的学习辅导

将翻转课堂教学模式应用到英语教学中，一方面，能够帮助学生树立自主学习意识，增强学生的互动与交流能力；另一方面，在英语教师的鼓励下，学生能够逐渐产生学习英语的兴趣，并积极参与教学活动，监督教学活动的实施，这有利于学生及时向教师反馈学习情况，进而推动翻转课堂教学模式的改善。无论是从英语基础上看，还是从学习能力上看，学生之间都存在着巨大的差异，这就导致教师利用教学资源开展教学活动时，很容易出现部分学生能够完全掌握吸收英语知识而部分学生跟不上教学的情况。从这方面看，英语教师

---

① 杨云侠. 基于翻转课堂模式的高校英语教学策略探究 [J]. 湖北开放职业学院学报，2022，35（18）：36.

有必要实施针对性辅导，以免出现部分学生因为学习困难而丧失学习兴趣，进而影响教学效果的情况。英语教师在完成课堂教学之后，需要根据学生的课堂学习反馈情况，优化教学视频，提升教学视频的质量。在翻转课堂教学模式下，学生不再扮演单纯的知识接受者角色，而是成为教学的主体，在教师的引导下，利用各类学习方法，学习英语知识，并不断反思，在反思中进步，完成英语学习的目标。

第四节　混合式英语教学的开展

一、混合式教学模式的内涵

混合式教学模式作为新兴的教学模式，重点在于混合，这一教学模式是一种对资源进行整合的教学方式，传统教学模式与现代信息化教学模式是其混合的对象。就内容而言，混合式教学模式同时融合了传统教学模式与现代信息化教学模式的优点，呈现出互动性、实时性特点。在混合式教学模式下，英语教师整合了教材内容与网络资源，同时开展各类学习活动，以激发学生的学习积极性，进而推动教学目标的实现。

二、混合式英语教学应用的价值

（一）激发学生学习热情

与传统英语教学模式相比，混合式教学模式具有很多优点。第一，混合式教学作为新兴的教学模式，体现出浓厚的现代性，突破了传统教学的诸多限制。英语教师根据学生的兴趣，搜集教学素材，并据此设计课件，利用网络技术为学生营造生动形象的教学氛围，增强学生学习英语的积极性。第二，基于混合式教学模式下，学生开展学习活动的平台得以丰富，学生能够利用课余时间巩固课堂所学的英语知识，进而提升英语水平。第三，将混合式教学模式应用到英语教学中，不仅使学生掌握了学习的主动权，而且拓宽了英语教学的广度，延伸了英语教学的深度，学生的自主学习能力得以增强，他们可以从兴趣入手，自行学习英语知识。

（二）融合网络教学资源

学习者想要掌握并应用一门语言，除了需要了解语言的应用状况和发展历程之外，还需要了解语言的文化背景。但是，一直以来，传统英语教学模式都将教材作为主要的教学内容，这违背了学生的实际学习需求，再加上教学资源滞后，导致教学始终无法与时代发展相适应，无法引发学生学习英语的兴趣，进而影响了教学的最终效果。在混合式教学模式下，英语教学资源得以丰富，学生随时随地都能够利用网络查找相关英语资料，这在激发学生学习英语的兴趣的同时也丰富了学生的英语知识素养，对于增强英语教学效果具有重要意义。

（三）提高英语教学效率

传统英语教学模式存在种种弊端，不仅教学方法单一，互动性弱，而且课堂时间有限，这就导致无法实现良好的教学效果。而混合式教学模式不仅为学生带来了丰富的教学资源和多元化的教学方式，而且还突破了时空的限制，学生可以随时随地利用网络平台学习英语，同时也可以及时通过网络向教师请教，显然，这极大地提高了英语教学效率。

三、混合式英语教学实现的路径

（一）拓展教学素材，促进知识内化

对于教学的整体过程来讲，教学设计环节尤为重要，英语教师应该在充分掌握学生的具体学习情况的基础上考虑学生的真实学习需求，进而以此为基础设计教学内容，帮助学生内化英语知识，使其成长为应用型人才。混合式教学模式作为全新的教学方式，不仅具备传统教学模式的优势，同时还融入了现代信息技术，这极大地推动了教学设计。基于此，英语教师可以从混合式教学模式入手，设计教学内容与方法，教师通常会提前制作教学视频，并在线上教学阶段将其分享给学生，为学生的课前预习提供丰富的视频资料。同时，教师还应该对听说视频中的重难点进行标记，以提醒学生重点学习，加深学生对重难点的记忆。另外，为了方便及时掌握学生的学习情况，教师还可以在视频下方设置留言版块，供学生留言，答疑解惑。教师通常依据教材内容组织教学视频，然而教材往往不够全面，这就需要教师对其进行延伸，搜集各类视频，帮助学生更好地掌握英语知识。在正式上课之前，教师可以根据学生的学习情况

设置合适的阅读理解问题，让学生带着疑问阅读英语文章，并根据教师所提供的素材与视频资料给出答案。

（二）创新教学形式，引发深度思考

高校在培养英语人才时，应该注重其实践与应用能力的培养。基于企业对英语应用型人才要求的多样化与复杂化特点，身为英语教学中"教"的主体，英语教师应当合理利用混合式教学模式开展教学活动，不断优化教学。将混合式教学模式应用到英语教学中，一方面能够为学生增加更多练习英语的机会，增强学生的英语表达能力；另一方面，能够帮助教师掌握学生的英语真实学习情况，从而据此调整教学方案。

（三）借助交流平台，培养表达能力

一直以来，学校开展英语教学的目标就是培养学生应用英语语言知识的能力。为了实现这一教学目标，英语教师应当将信息技术融入传统教学模式中，在丰富教学内容的同时创造更多的实践机会，增强英语教学的趣味性，使学生能够不断增强英语表达能力，产生学习英语的兴趣。另外，网络为学生提供了展现自我的平台，学生通过与他人交流互动，能够认识到自己的优缺点，同时还能够在交流互动中牢牢掌握所学英语知识，这对于增强学习效果具有重要意义。英语教师可以利用游戏的形式吸引学生学习英语的兴趣，并在潜移默化中增强学生的英语表达能力。基于混合式教学模式下的趣味性英语教学活动，能够很好地锻炼学生的英语表达能力。

（四）还原真实场景，巩固重点内容

目前，我国传统英语教学存在的最大弊端就是缺少真实的英语应用情境，这极大地影响了学生英语表达能力的发展。从这方面看，要想改善这一问题，英语教师有必要通过创设真实情境的方式为学生营造良好的学习环境，增强语言教学的生动性，加强英语教学与学生日常生活的联系，进而调动学生学习英语的积极性，使学生主动投入英语学习活动中，取得良好的学习效果。混合式教学模式能够帮助教师构建生动形象的英语交际情境，同时，学生还可以在网络学习平台自由发表意见，逐步增强其应用英语的能力。在课前预习阶段，英语教师利用网络技术将英语短视频等学习资料上传至网络平台，同时鼓励学生增强动手操作能力，积极搜集学习资料，自行制作教学视频，进而积累英语知识，为课堂教学的顺利开展奠定基础。在课堂教学阶段，英语教师应该积极组织各类活动，例如，组织角色扮演活动，学生在其中分别扮演不同的角色，并利用英语语言表现自己所扮演的角色；开展电影配音活动，学生以所学英语知识为基础，用英语为电影配音。在课后巩固复习阶段，为了使学生真正掌握所学英语知识，英语教师应当支持学生构建学习小组，组内学生之间可以互相交流知识，共同进步。在混合式教学模式下，英语教师能够构建多种多样的教学情境，这不仅能够为学生提供良好的学习环境，还能够调动学生学习的积极性，增强学生应用英语的能力。

第八章 英语教育理论与教学策略实施的保障——英语教师

教师是决定教育效果的关键因素。教师承担着为社会培养人才的重任，其综合能力的高低直接关系着人才的质量。

第一节 英语教师的基本角色与专业素质

一、英语教师的基本角色

（一）引导者

英语教师是英语语言知识的重要诠释者，所以必须有扎实的英语语言知识储备。换句话说，英语教师要对英语专业知识有系统的掌握，能够系统地分析出各种英语语言现象。英语教师需要掌握的专业知识主要包括理论知识、形式知识、语境知识、实践知识等，这些知识不但包含语言形式结构的知识，还包含语音知识、词汇知识、语法知识、语篇知识、社会文化知识等具体的语言使用知识。英语教师只有掌握了这些知识，才能对语言材料、语言现象有清楚的剖析和阐述，也才能解答学生在学习中所遇到的问题，从而使学生可以正确地理解并实现语言输出。

另外，语言知识的积累是掌握和使用语言技能的基础。不同的语言形式可以实现不同的语言功能。不管教师运用哪种教学策略，其所教授的教学内容都是英语语言系统知识及对这些知识的分析和输出。可见，教师是学生学习英语语言知识的重要引导者和协助者。

（二）培训者

英语教师还应该是英语语言技能的培训者。学生在学习英语的过程中，必须先掌握一定的语言知识，逐渐过渡到掌握一定的语言技能，从而提高和发展自己的语言运用能力。

另外，教师还担任着英语语言训练合作者的身份。也就是说，在英语教学中并不是教师将任务布置给学生就可以了，教师还要适时引导学生，参与到学生的活动中，使学生在教师的帮助下既学到了知识，也完成了任务，从而提升了教师的教学效果。

（三）组织者

对于任何教学活动来说，课堂活动都是必不可少的，这在英语课堂中也不例外。英语课堂活动是课堂教学的载体，设计合理的英语教学活动有助于提升教学的质量。

同时，英语训练需要语言环境的参与，但是在普通的英语课堂中只能提供有限的教学环境，如辩论、对话、话剧表演等，学生缺乏真实的语言训练的机会，如远程对话交流、电影配音等。虽然教师发挥了活动组织者的作用，并且活动也大都比较直观，但是这是远远不够的，很难加深学生对英语语言知识和技能的理解，也很难巩固自己的语言知识体系。

（四）探求者

在英语教学中，教师不仅仅是固有教学方法的使用者，也承担着新型教学方法的探求者和开发者的角色。语言教学具有很强的实践性，因此其与教学方法关系密切。英语语言知识的分析、语言技能的掌握、课堂活动的组织等都离不开科学的教学方法。

英语语言教学的方法有很多种，如翻译法、听说法、交际法、情境法、任务法、自主学习法等。这些方法都存在某些优点，也存在着某些缺点。因此，任何一种教学方法都不是万能的，英语教师需要将各种教学方法综合起来组织和实施教学，以便获得更好的教学效果。就当前的英语教学来说，已经从传统的以教师为中心转向了以学生为中心，强调学生的主体地位，这也有助于实现教师和学生的双向互动。

（五）评价者和掌控者

教学评价是英语教学中不可忽视的一个环节①。想要实现英语教学的目标，就要注重对教学进行科学、全面的评价。教学评价既是教师获取教学反馈、改进教学管理、保证教学质量的一个依据，也是学生改善学习方法、调整学习策略的有效手段。教师在批阅学生作业的过程中，也能对学生的学习情况有所了解。

（六）创设者

语言环境对语言学习有着至关重要的作用②，特别是在缺乏真实语言环境的教学中更是如此。教师可以通过创设真实的语言环境将新旧知识联系起来，使学生真切地了解中西方的文化习俗。当然，语言环境的创设不仅仅开展于课堂上，课外活动中也常常需要创设语言环境。

二、英语教师的专业素质

（一）职业素质

职业素质是一名教师应该具备的基本的行为操守与道德品行，也是教师在教学过程中调控与社会、学生之间的关系所应该遵循的道德意识、规范、情操的综合。不管如今的教学模式和形式怎样变化，教师的职业素质都是不变的。在英语教育中，学生会遇到各种问题，这就需要教师必须具备良好的品德修养、强烈的耐心和责任心，要关注学生的成长，并帮助学生答疑解惑。

教师良好的职业素质体现在其可以循循善诱、宽厚待人，并善于关注学生及其身心健康。教师需要了解学生的心理特征，帮助他们形成正确的价值观与人生观，建立积极、健康的心态。随着社会的发展，当今学生经常会受网络环境的影响，他们接受的海量信息也是复杂的，所以心灵常常受到冲击和考验。同时，因为学生具有个性化、多样化的特点，所以他们特别注重体验，追求平等、个性等，这在一定程度上也会产生一些问题。因此，教师应注重对学生品德的培养，经常与学生沟通，了解学生的心理变化；可以为学生推荐一些阅读书目，同时让他们更广泛地参与校园活动，帮助他们树立正确的人生目标。

① 宋建勇.高校英语任务型教学与评价研究［M］.西安：西安交通大学出版社，2017.
② 潘飞南，祁文慧，胡宣平.成人大学生英语自主学习策略［M］.北京：北京交通大学出版社，2003.

（二）教学素质

1. 扎实的专业水准和知识储备

英语教师应该具备扎实的专业水准和知识储备，即语言基本功。语言基本功具体是指教师能够驾驭和把握的英语语言知识和语言技能，可以得心应手地运用英语这门语言进行授课，这也是对英语教师最基本的素质要求。

就当前的英语教学情况看，教师最重要的专业素质是要有较强的口语表达能力及写作能力。应该说，语言丰富多彩、文字表达准确且流畅是教师的必备素质。另外，教师应培养学生的批判性思维，激发学生使用英语语言的兴趣。

除了具备基本的知识，教师还应该拥有运用现有知识和技能来学习其他知识的能力。因为课堂上很多问题的讨论都具有开放性，既不能预测，也不能设定结果。也就是说，如果教师没有足够多的知识储备，那么就很难引领学生进入下一阶段的学习。

2. 丰富的教学方法

当今英语教师的角色发生了较大变化，教师主要扮演的是教学的设计者、学生学习的协作者，学生则是任务的操控者和实践者[1]，所以教师的教学方法要有所变化。如今，教师不仅仅采用单一的口述教学法，而应该借助多种教学法对教学内容进行展示。例如，教师在开展多媒体网络辅助下的英语教学时，可以将各种形式结合起来，随时了解学生的学习情况，学生也能选择适合自己的学习方法和内容。此外，教师可以优化传统的教学法，如暗示教学法、合作教学法、案例教学法、启发教学法等，加强对这些教学法的合理利用，弥补这些教学法的不足，从而提高学生的学习兴趣和积极性，提高整个英语教学的效果。

3. 创造性思维

创造性思维是运用新方式、新技术来解决问题、处理问题。创造性思维主要有以下四个特点。

（1）独特性。其可以打破常规，从独特的角度发现和解决问题。

（2）多向性。其包含发散性思维与聚合性思维。

（3）综合性。其可以通过综合和分析进行归纳，抓住事物的主要矛盾和矛盾的主要方面。

（4）发展性。其对事物的发展应该具有预见性，从而推测事物发展的

---

① 黄燕鹂．"互联网+"背景下大学英语教学体系的反思与重建［M］．成都：电子科技大学出版社，2018.

趋势。

如今，英语教师应利用各种教学资源开展教育创新和科研工作。独特性思维需要教师对中英文的信息与资源有足够的掌握，以便设计出个性化的教学模式和方法。多向性思维要求教师应具备对教学资源进行归纳的能力，从而优化自己的教学效果。综合性思维就是教师需要具备将英语学科与科学技术整合的能力，将科学技术最大化地运用到英语教学中。发展性思维要求教师的眼光具有前瞻性，能够随着技术的发展预测教学的发展前景。

4. 驾驭教材的能力

英语教师的教学素质还包括驾驭教材的能力。英语教师应该具备对教材的评价能力和使用能力。首先，教师应对教材的优劣进行基本的评价。英语学习通常需要大量的教材，除了主要教材外，还可以为学生选择辅助类教材，这就对教师的评价能力提出了较高的要求。其次，教师应该合理地使用教材。

5. 语言文化素质

文化素质就是人们在文化方面所具有的较为稳定的、内在的基本品质，表明人们在这些知识以及与之相适应的能力、行为、情感等综合发展上的质量、水平和个性等特点。

当今世界是一个多元文化融合的时代，所以英语教师也必须具备足够的文化素质。实际上，我国的英语课堂教学一直存在过于注重语言知识讲解、忽视交际和英语文化知识的传授的问题。导致这一现状的主要原因就是大部分英语教师并不具备足够的英语文化素质。在这种情况下的英语教学中，教师大多只是教会了学生输出一些合乎语法、意义准确的句子，但不一定符合表达习惯，并且很难用于交际。要解决上述问题并提高学生的英语学习效率，教师首先应该提高自己的文化意识和文化素质，将文化教学融入基础知识的教学和训练中。这样不仅能够提高学生对英语学习的兴趣，也有助于活跃课堂气氛，促进知识的消化与吸收，帮助学生不断积累文化知识，进而更准确地理解和使用英语进行跨文化交流。

（三）信息素质

如果一个人的信息素质很高，那么他就可以获得相对完整与精确的信息，从而做出合理的决策：可以确定信息的需求，形成基于这些需求的问题；确定哪些信息源是潜在的，从而根据这些信息源制订成功的检索方式；有获取、组织、使用和评价信息的能力。因此，英语教师也必须具备这种素质，使自己的知识向着多样化的方向发展。

大量实践表明，英语教师要想提高教学质量，必须掌握一定的现代教育技术和较高的信息素质。具体来说，英语教师的信息素质体现在以下几个方面。

（1）具备了解最新动态、及时捕捉前沿信息的能力。

（2）具备较强的信息运用和创造能力，这是英语教师与其他职业从事者在信息素质上的明显区别。

（3）具备较强的信息获取、存储、加工、筛选、更新、创造的能力，这是教师具备较强的信息素质的核心。由于各类信息的复杂性与变化性，英语教师需要对有价值的信息进行辨别，并且能够对这些信息进行加工和利用。

（4）具备良好的信息意识，能够从复杂的信息结构中捕捉到有效的信息，从而把握英语这门学科的发展动向。

（四）科研素质

理论来自实践，英语教学的理论也来自大量的科研实践。反过来，科研实践也是检验科研理论的基础。因此，英语教学的理论与实践应结合起来，英语教学实践需要科研理论的指导，而新的科研理论方法产生于英语教学实践中，二者相互促进、相互补充、共同发展。

英语教师的科研素质具体体现在两个方面。其一，教师应具备科学的研究方法，如教学实验法、问卷调查法、访谈法、文献法、个案研究法等。在教学实践中，教师应从自身的需要出发，选择与自己相符合的研究方法。其二，英语教师应具备信息加工、网络搜索、信息反馈等能力。

第二节　英语教师的自主发展

一、教师自主发展的概念和内涵

所谓自主，就是凭自己的主观意识，积极地、自觉地、主动地进行学习的一种状态和态度。它发自于个人的主观意识，不是被动的，也不是被强迫的。发展不是指作为生物种群的人的历史发展，而是指人作为生命个体从出生开始，随着年龄的增长，知识和社会经验的增加而带来的生理和心理的变化过程，包括人的生理发展和心理发展两个方面。在人的发展中，发展的内在动力是社会的要求和需要所引起的个体与原有发展水平之间的矛盾。我们只能通过学习才能把自己原有的身心发展水平提高到一个新的高度，去弥补自身的不足，提高自身的能力。

教师为了更好地实施教学活动，就必须不断丰富自身的知识体系，不断进步，满足内在发展的需要。这也就说明，教师只有在遵循教学规律的前提下发挥自身的主观能动性，不断创新创造，更新教育教学方法，才能实现自主发展，同时，学生也能够在教师自主发展的过程中获得更多的知识，并不断提高自身能力，实现全面而自由的发展。教学的方法是丰富多样的，并非单一固定的，教师应该在分析教学对象的基础上，实施创造性教学活动。因此，教师必须具备一定的主动性，虽然教科书为教学的进行提供了一定的内容依据，但其过于死板，需要教师给予一定的加工处理，以便学生更好地理解知识点。

自主性包括个性层面和社会层面，二者的关系是：个性是通过社会性的交往学习而完成的，社会性是个性中的真实内容，社会性统一于个性之中。围绕着自主性的问题，我们会进一步认识到自主性还与以下方面相关联：主体性、人格内在统一性、自主意识、自主态度、自主能力、个性（自信、自尊）、社会性（价值、责任感）。

近年来，在教育领域，人们广泛关注教师自主发展的概念，与此同时，与教师自主发展相关的研究也越来越多。一般地，教师自主发展体现出以下几个特点。

1. 教师自主发展是教师专业化自主发展的过程

教师专业化自主发展是指教师根据自身和环境的特点，采取主动、积极的方式，制订符合自身专业化发展的目标和计划，并努力使之实现的行动或行为。在教师专业化自主发展过程中应重视教师的内省和自我探索，而不是简单地发现并模仿优秀教师的教学行为。

2. 教师自主发展是教师互助合作、融入教育组织的过程

教师自主发展需要教师的相互支持与合作。为此，教师应积极加入相应的教育组织，在寻求合作的同时，获取在教学和相关研究领域前沿的学术动态和信息资源，从而丰富和更新自己的教学理念，实现发展与创新。

3. 教师自主发展是教师终身持续成长的动态过程

教师专业素质和能力的发展是永无穷尽的，加之教师个人、环境和外部条件始终处在不断调整和变化的状态，其复杂性决定了教师自主发展是教师终身学习、不断进步的动态成长过程。

二、英语教师自主发展的现状

（一）自主发展意识不强，科研意识弱

受传统教育教学理念的影响，再加上教师这一工作的特殊性，大部分英语教师不具备浓厚的科研意识与自主发展的意识。由于教师的科研能力较弱，他们往往没有勇气申报科研项目。事实上，当前很多教师虽然已经逐渐树立起了自主发展的意识，并且意识到了自主发展的重要性，但仍然没有明确的方向作指引，行动力不足。

（二）缺乏自主发展规划及途径

直至今天，仍然有部分教师没有正确理解自主发展的内涵，在他们看来，推动教师自主发展的渠道具有唯一性，那就是参加学校组织的在职培训活动，显然，这种认知是错误的。当前，学校组织的在职培训模式不仅形式单一，而且时间有限，不能真正推动教师个性化发展，再加上一些培训活动不注重内容，敷衍了事，使得无论是教师实践能力的培养，还是科研能力的发展，始终无法达到理想效果。

通常情况下，英语教师应当具备以下几种素质：第一，丰富的专业知识以及扎实的专业技能；第二，组织与实施教学的能力；第三，高尚的品德修养；第四，丰富且系统的英语语言知识；第五，完备的英语理论知识；第六，应用多元教学法的能力。

三、英语教师自主发展的策略

（一）规划专业发展

英语教师要想促进自身专业发展，首先应当进行专业规划，这在一定程度上体现了教师的自主发展意识。长期以来的实践证明，教师即使已经具备了专业发展规划意识，但由于没有掌握制定规划的方法和策略，而始终没有采取行动。伴随着英语教师改革的深化，教师专业化发展也被提升日程，受到全新的教学观念的影响，再加上教师角色的转变，使得教师更难对自身发展做出规划。为了能够适应全新的教学身份以及教学理念，英语教师必须重新构建专业知识体系，同时还需要以自身需求为基础，正视自身专业发展情况，进而明确未来发展路径。事实上，学校的整体发展也会影响到教师的个人发展。从这方

面看，学校应该在综合考虑教学改革与教师发展需求的基础上，采取专家引导的方式，推动教师合理调整自身发展规划，并不断改进。为了增强教师实施发展规划的效果，学校应当在整体发展规划中纳入教师的发展，采取构建教师发展机构的形式，推动教师自主发展。

（二）加强专业学习

在实际英语教学中，英语教师不仅承担着教学任务，还需要开展科学研究，这极大地加重了英语教师的压力，进而导致他们很少有时间和精力开展自主学习活动。近年来，随着英语教学改革的不断深入，网络技术广泛应用于英语教学中，导致教学环境发生转变，英语教师在面临着庞大备课量的同时还需要尽快适应新的教学环境，不断丰富知识体系，学习新的教学模式。显然，要想应对教学改革带来的冲击，仅仅依靠培训课程是远远不够的，英语教师必须不断进行自我学习以转变教学角色，构建全新的知识体系。部分教师错误地将自主学习看作独立学习，事实上，两者有着很大的区别。独立学习很容易被外部因素影响而中断，教师只有不断进行自主学习才能不断成长，这主要是由教师这一职业与成人学习的特点所共同决定的。除此之外，学校为了促进教师开展自主学习，可以通过完善教学设备的方式，使教师拥有更多的自主学习机会。

教师并非孤立的个体，他们可以采取互助性学习方式开展自主学习。学校可以通过构建各种学习团体的形式为教师提供互动交流的机会，形成互助共享的学习环境，教师之间共享学习经验，同时不断反思自我，实现共赢。另外，教师在互助学习的过程中互相信任，互相支持，不仅能够缓解心理压力，还能够增强合作意识，推动自我成长。

（三）加速教师从技术型到反思型的转化

英语教师往往采用反思型实践模式实现专业化发展，这一实践模式受到了广泛的认同与支持。在英语教学过程中，部分教师逐渐意识到了反思的重要性，然而他们仍然没办法将其运用到实践教学中。而且伴随着教学的发展，教师的教学负担逐渐加重，科研压力也不断增大，极大地降低了教师进行反思的频率。另外，部分教师难以分清反思与反思型教师。部分教师错误地认为反思就是思考教学过程同时记录心得的过程，实则不然，教师应当深入挖掘隐藏在教学行为背后的教学理念等，同时利用所获得的教学理念改进教学，如此，方能真正发挥反思的作用。而且，反思并非单纯的认知过程，不能将其看作纯粹的技能程序。教师想要成长为合格的反思型教师，不仅要经常性反思，还要增强自身的积极主动性，自主开展反思活动。目前，在教师群体中，主要存在两种类型的教师，分别为反思型教师和技术型教师，反思型教师更容易接受新观念，不断更新教学方法，同时以质疑的态度积极面对各种问题，不断评价并反思自己的教学行为；技术型教师则大不相同，他们往往依赖专家的意见，很少质疑教学。为了突破外部环境的限制，教师应当从技术型向反思型转变，在教学反思中改进教学行为，提高教学效果。

第三节　英语教师的专业发展

一、英语教师专业发展的概念

教师专业发展具有丰富的含义。不同的教育学者对于"教师专业发展"的看法是不一样的。但是，从本质上来说，教师专业发展指的是教师个人的专业不断发展的过程，是教师自身不断接受新的知识，并且使个人的专业能力不断得到提高的过程。

总之，教师专业发展指的是教师使自身的专业意识不断得到提升，不断接受新知识，并使自身专业能力不断得到提高的过程。在这样一个过程中，教师需要不断进行反思和探究，对新知识进行建构，使自己的专业技能不断得到增长。教师专业发展以学校的具体情境为基础，发生在人际网络和情境之中，是教师经验与环境持续互动的过程，这一过程贯穿于教师职业生涯的始终。英语教师专业发展也是教师职业生涯中十分重要的环节，只有重视英语教师的专业发展，才能在教学工作中不断提升教学能力。

教师专业发展的最终目标是自身科研能力与课堂教学质量的提高，教师并非是一个知识和技能的"容器"，其专业发展是一个不断接受、吸收、更新、综合的过程，不能一蹴而就，是伴随整个教学生涯的渐进过程。

二、英语教师专业发展的必要性

（一）社会发展的内在要求

英语教学改革，除了要对教学材料做出改变之外，还要改变教学模式。在英语教学中使用现代教学技术，一方面可以提高教学效率，另一方面可以培养学生学习的兴趣。现代教学技术可以将二维的课堂授课转变成三维的立体教学，在英语教学中使用相关视频、音频资料，可以促进学生英语学习的快速进步。

现代教学技术在英语教学中的应用并不是一件可有可无的事情，其顺应了教学改革的要求。有新的技术辅助，教师可以更好地开展教学活动。现代教学技术与课堂教学并不是两个完全独立的系统，如果仅仅是机械的辅助，达不到最好的效果。因此，还需要将现代教学技术与课堂教学融合起来，相辅相成，英语教学才能取得更好的成效。英语教学从教案的设计、教学方法的选择、教学过程的步骤等一系列环节都与现代教学技术密切相关。

人类社会不断发展，在科技和知识不断精深的过程中，社会的分工也会也来越细化，这是社会进步的表现。因此，在各行各业分工越来越细化的过程中，对专业的要求也越来越高。教师职业作为众多职业中的一种，在将来的发展中也会逐渐细化，专业化的发展是其必然趋势，这是由未来社会的信息化、知识化的程度越来越高导致的。

在人类社会教育发展的漫长历史中，教师专业化经历了一个十分漫长的发展过程。对于英语教师来说，也是如此，从一开始的在生产实践中学习，到后来的有了专门的英语教师，这些变化既是社会内部分工的内在要求，也是社会分工与发展的必然结果。

（二）教师教育发展的需要

20 世纪 70—80 年代，欧美国家开始重视教师专业发展问题，很多相关研究开始发展起来。教师培训不仅逐渐发展为职业教育的一种形式，而且是职教师持续专业发展的一种形式。教师的期望与教师的专业发展相结合，使教师的长期专业发展成为一种整合与延伸。教师专业发展在未来社会会越来越重要，这是因为教师的职业要求教师进行终身学习。教师的专业发展并不是一朝一夕就可以完成的，需要教师在很长的时间里不断地磨炼自己，不断地挑战自己，从而使自己的专业素质更强。因此，英语教师的专业发展也应该遵循教师专业发展的普遍规律，并对其专业素质、人格力量等方面进行完善。英语教师的专业发展应该建立在我国基本国情的基础上，不能照搬其他国家的模式，研究属于我国英语教师的独特发展模式，是促进我国英语教师专业发展的重要途径。

（三）终身教育发展的必然要求

终身教育的理念很早就已经被提出，不过在 20 世纪 60 年代，才开始风靡教育行业的每个角落。联合国教科文组织和其他的一些教育组织对终身教育十分重视，在这些组织的支持下，教师的终身教育也成为教师专业化发展的一个重要环节。20 世纪 90 年代，终身教育的理论逐渐发展完善，例如，美国、日本、韩国等国家在 20 世纪 90 年代先后出台了关于教师终身教育的文件，开始将教师的终身教育纳入制度规范。我国对教师的终身教育也开始重视起来，先后出台了一些文件，对教师的在职培训和继续教育进行了规定。在 21 世纪，教师的终身教育更是不容忽视，社会的发展以及教育的升级都对教师的要求越来越高，教师也应该顺应时代的发展，不断完善自己，以适应现代教育的要求。理论与实践证明，教师的终身教育是教育改革的必然要求。提高教师素质，促进 21 世纪教育、教学和科研的发展，为教育改革和自然展示提供必要的基础，是教师专业化发展的根本诉求。

三、英语教师专业发展的主要模式

（一）学校主导模式

顾名思义，以学校为主导推动英语教师专业发展的模式就是学校主导模式。在这一模式中，学校从教师的实际需求入手，根据自身资源与资金状况，建立相关制度与方案，进而开展各种活动以促进教师专业发展。通常情况下，以下五点是学校主导模式的主要优势。

第一，基于学校主导模式下，日常工作与培训活动不再是独立存在的，而是相互联系、相互融合的。这一方面遵循了理论与实际相联系的原则，另一方面也改善了工学矛盾。

第二，学校主导模式有明确且具体的培训目标。

第三，具有丰富多样的培训内容。

第四，灵活多样的培训形式。培训不再仅仅是枯燥的讲授形式，而是融合了讨论、反思、交流等环节，增强了教师参与培训活动的积极性。

第五，培训活动耗费成本不高。教师不需要外出参与培训活动，节省了一部分资金。

然而，这一模式同样存在种种弊端。第一，培训资源不够丰富。学校的资源是有限的，要想切实促进英语教师专业发展，学校就应该大力挖掘校外培训资源，不能仅仅依靠校内资源。第二，专业发展的经验性。学校主导模式主要以校本培训为主，其将增强教师解决问题的能力作为培训的重中之重，能够有针对性地促进教师专业发展。然而，校本培训过度重视实践层面的英语教师专业发展，而很少总结归纳理论知识，这就导致教师专业发展无法上升到理论层面。

（二）自我指导模式

1. 自我指导模式的内涵

自我指导模式是指以教师的自我发展、自我指导为主，以教学经验丰富的教师或专家的帮助支持为辅，通过对自己教学活动的反思、研究，对同事教学活动的观摩、模仿等，总结教学过程中的经验教训，探索教学方法，加强与学生的交流沟通，冷静处理课堂突发事件，从而提升自我教学能力的一种专业发展模式。

2. 自我指导模式的操作方式

（1）自我发展理想。在自我指导型教师专业发展中，首先，教师需要对自己有一个预期，即教师希望达到什么样的教学目标，在学生面前呈现一个怎样的教师形象，同行或领导如何评价自己，着重发展自己的哪一种教学能力。其次，教师要了解为了达到这样的目标，教师自己需要做哪些准备，克服哪些困难等。通过回答这些问题，教师对自己的教学发展目标会有一个清晰的认识。

（2）自我评价。教师需要进行自我评价，即对现在的自己有一个准确的定位，明确自己在教学中的优势和劣势，更好地发扬自己的优点和长处。

（3）确定差距。在自我指导型教师专业发展中，教师在完成自我预期与自我评价之后，需要找寻二者之间的差距，即要想实现教学能力的提升，自己需要在哪方面努力，是课前的教学设计、教学语言的规范、教学方法的改进，还是现代多媒体教学技术的学习。

（4）制订计划。教师确定了自己的教学理想与现实之间的差距后，需要制订切实可行和科学的发展计划，将自己的教学发展目标付诸实践。教师要明确自己教学发展的现实性和可能性，制订计划时既要考虑到已有的教学经验，也要考虑自己为了达到目标应该学习哪些教学技能和教学方法；既要考虑哪些培训和课程对自己有用，也要根据自己的时间和精力考虑能够参加哪些培训和课程。

（5）实施计划。教师需要实施自己制订的教学发展计划，将计划落到实处。教师需要确定哪些新的技术和行为能够为自己所用，并在确定后执行。在实施已经制订好的教学发展计划时，教师还需要时刻对新的观点进行反思。

（三）实践研习模式

实践研习模式作为教师专业发展的主要模式之一，其实施的关键在于教学实践，其源于教学实践而归于教学实践，主要采取观摩教学、教学研究、合作交流、试验实践的手段增强教师的教学实践能力。在实践研习模式下，教师专业发展的目标是推动教学实践活动的实施，增强教师的教学实践能力，教师通过不断对实践活动进行反思、归纳、总结等，能够更加深入地认识实践，进而为之后的教学实践提供指导。

在实践研习模式下，教师对教学的认识正源于实践，英语教师需要利用实践自行寻找最佳教学方法，在实践过程中，教师的教学能力会得到有效提升。在教师专业发展条件下，英语教师还可以汲取同行的教学经验，在与其他教师的交流中学习多元化教学方法；同时，对自己的教学实践进行反思，关注教育教学现象，从中寻找问题，分析并解决问题；依据实际情况更新教学方法；丰富自身的专业知识，提升专业能力；树立新的教育教学理念，培养多元化教学手段，增强教学创新力，进而促进教学能力的发展。

第四节　英语教师信息化教学能力的发展

一、英语教师信息化教学能力的特点

（一）复合性

步入信息化社会之后，英语教学对英语教师提出了更高的能力要求。教师需要不断提升信息化教学能力，也就是说，教师需要不断增强自身教育教学技术，学会利用技术更新教学内容与方法，开展协作教学等。进入信息化社会之后，信息技术逐渐应用到教育教学中，这在一定程度上使教师的信息化教学能力更具多样性。再加上学习资源环境朝着数字化方向发展，英语教师获取教学信息的渠道逐渐多元化。因此，信息化教学环境要求英语教师具备更加全面的教学能力。英语教师除了需要具备传授信息化教学知识的能力之外，还需要具备促进学生实现信息化学习的能力。不同的学生由于学习能力不同，往往会形成不同的学习风格，采用不同的学习方法，英语教师需要据此开展针对性教学。由此可见，在信息化时代，英语教师信息化教学能力体现出复合性特点。

（二）关联性

从整体上看，教师信息化教学能力并非某一项能力，而是由众多能力所构成的。第一，信息化教学能力的发展需要以教学能力为基础，因此，我们将教学能力称为构成信息化教学能力的基础能力，其主要包括应用教学方法的能力、教授教学内容的能力以及应用基础教学技术的能力等。第二，信息化教学的相关学科能力、信息化学科教学法等相关能力的形成与发展，也是教师将教学技术、学科教学内容以及学科教学法融合的过程，体现出能力形成与发展的融合性特征。第三，信息化教学能力发展中不同阶段的能力素质具有一定的递进性。教师的信息化教学能力素质，在不同的信息化教学能力发展阶段有不同的侧重。

（三）发展性

首先，为了适应不同的、复杂的信息化教学情景与信息化教学实践，满足不同的学习对象的不同要求，需要教师的信息化教学能力动态地形成与发展，以适应动态发展变化的要求。其次，信息化社会中，信息技术更替周期逐步缩短，由此而形成的信息化学科教学与相关的教学方法也同样需要不断发展变化，以满足教师教学能力变化发展的需求。再次，课程教学的改革与发展也需要教师能力的调整与改变，以适应教学改革与发展对教师能力提出的新要求。最后，信息化社会中，教师自身的专业发展本身也是动态的、终身的。教师的专业化成长，需要教师在不同的职业发展阶段，不断完善和发展自身的教学能力结构。

（四）情境性

教师信息化教学能力的形成与发展需要一定的信息化教学情境实践，是在一定信息化教学情境实践中呈现出来的一种特殊的能力形式，具有明显的情境性特点。在不同的信息化教学情境实践中开展的学习活动，即使教学对象和内容相同，也需要教师有不同的信息化教学能力去适应，以达到开展相应教学活动的目的。教师信息化教学能力的体现与发展，必须是在一定的信息化教学情境体验中完成，没有信息化教学情境的实践性体验，就不会有教师信息化教学能力的发展。教师不仅要具有适应不同信息化情境中主体实践体验的能力要求，更重要的是，教师需要将不同信息化情境中教学的知识能力素质迁移到其他相关的信息化教学情境中，从而促进教师信息化教学实践能力的发展。

二、英语教师信息化教学能力的结构

（一）信息化教学迁移能力

一般地，教师信息化教学迁移能力可以划分为横向迁移和纵向迁移两个方面。所谓的横向迁移就是指教学适应能力在不同信息化教学情境中的迁移；所谓的纵向迁移则是指转化信息化教学知识技能的方式[①]。

（1）信息化教学纵向迁移能力（转化迁移）。其主要指教师将学习获得的知识技能应用于解决信息化教学中的实际问题，应用于现实的信息化教学活动中的能力。教师需要将通过学习所获得的信息化教学知识与技能，应用于实际的信息化教学情境中，解决现实中的各种信息化教学问题。通俗地说，就是学以致用。

（2）信息化教学横向迁移能力（适应迁移）。一种信息化情境下的教学活动，在另外一种新的信息化教学情境中未必适用。信息化教学横向迁移能力主要指教师将一种信息化教学情境中的教学经验创造性地应用于其他新的信息化教学情境中的能力，是教师对原有信息化教学能力结构的拓展与延伸。在信息化教学情境中，教师对教学情境的把握，对教学活动和教学方式的选择，以及教学媒体的应用、教学活动的程序等，都是依据自身的相关教学经验并借鉴他人的成功做法。通俗地说，就是举一反三、触类旁通。

（二）信息化教学融合能力

信息化教学融合能力，主要包含以下几个方面。

（1）信息化学科知识能力，即信息技术与学科知识的融合能力。信息技术与学科知识相互融合，会形成学科知识的新形态。

（2）信息化教学法能力，即信息技术与一般教学法的融合能力。这是信息技术与一般教学法相互融合后，形成的一类新的知识类型，需要教师具备将信息技术与一般教学法融合的能力，同时还需要教师能够驾驭信息化情景中的一些基本的教学原理、方法与策略等。

（3）信息化学科教学法能力，即信息技术与学科教学法的融合能力。信息技术与学科知识、一般教学法相互作用形成的一种特殊知识形态，需要教师具备教学技术知识、学科教学法知识，当然更需要教师将教学技术与学科教学法融合的能力。只有将信息技术与学科内容知识、教学法相互融合，发挥各类知识内容与各种方法策略的优势，才能使教师在新的学科知识形态和新的学科教学方法与策略的基础上，实现教学效率和效果的有效提高，才能使教师的信息化教学能力有效提升，从而促进学生学习能力的全面发展。

① 林正柏. 基于 MOOC 理念的大学英语课程教学研究 ［M］. 北京：北京工业大学出版社，2019.

（三）信息化教学交往能力

信息化教学交往能力，是指教师和学生在信息化教学情境中，彼此交换思想与感情，促进师生间的交流与沟通，以实现学生能力发展的一种教学能力形式。信息化教学交往能力是教学活动中师生的信息化互动，是信息化的教学交往实践，体现了教学中教师与学生之间的关系。信息化社会中的教学既是知识、技能的传授，更是对学生学习能力的促进，因此需要教师与学生间进行有效的交往。教师的信息化教学交往能力包括课堂信息化教学交往能力和虚拟信息化教学交往能力。

（1）课堂信息化教学交往能力，是指在课堂信息化教学情境中，教师与学生的教学交往能力。在课堂信息化教学情境中，需要实现师生之间的多元化教学交往，需要定位师生之间新的教学交往关系与角色。在课堂信息化教学情境中，教师要与学生实现信息化的交流与沟通，实现与学生的平等对话。教师也要对学生的信息化学习过程进行指导，让学生在信息化环境中学会学习。教师还要对课堂的信息化教学活动合理协调，保证课堂信息化教学活动的顺利开展。教师的课堂信息化教学交往能力，是促进教师有效教学和学生有效学习的重要能力指标。

（2）虚拟信息化教学交往能力，是指在虚拟的信息化教学情境中，教师与学生的教学交往能力。信息化教学交往能力，在更多意义上指的是虚拟信息化教学交往能力，在虚拟的学习环境中，师生之间的有效教学交往是保障学生学习顺利开展的前提条件。

在内容上，虚拟信息化教学交往能力，主要包括教师为学生提供虚拟学习环境中的学习支持，监控学生在虚拟学习环境中的学习行为，对学生学习中遇到的各种问题，能够通过虚拟的学习环境提供尽可能的帮助。在形式上，虚拟信息化教学交往能力，主要包括教师与学生个体之间的虚拟信息化教学交往，教师与学生群体之间的虚拟信息化教学交往，学生与学生之间的虚拟对话交流与合作交往等。

三、英语教师信息化教学能力的培养路径

（一）加强英语教师信息化能力培训

第一，学校作为英语教学的主要场所，需要鼓励教师勇于创新，为教师开展实践活动、创新课程提供必要的支持，同时开展培训活动，逐渐使教师认识

到信息化教学的重要性，帮助教师建立正确的信息化教学认知，利用网络工具开展信息化能力培训活动，采取一系列措施增强教师学习信息化知识与技术的自主性。第二，为了切实提升教师的信息化教学能力，强化教师的信息化应用能力，教师可以积极利用空余时间学习信息化知识与技能。

（二）创建良好的信息化环境，提高信息的搜集能力

信息化教学的最终效果是由多种因素共同决定的，环境因素就是其中之一。教学设备作为环境因素的重要组成部分，对信息化教学的质量产生了不可忽略的影响。为了跟上信息化时代发展的步伐，学校不仅要为教师配备信息化设备，还需要为学生构建一定数量的计算机房，这是教学信息化实现的必要前提。为了拓宽学生的眼界，教师还需要利用课余时间丰富自身知识素养，扩展知识面。

（三）开展多元化的信息化教学能力培养

在进行英语教师信息化教学能力培养的过程中，学校要制定一套合理的培养方案，如在学校开展一些多元化的信息教学能力培训，让教师们对于信息化技术有更进一步的了解。同时，学校还要不断地开展创新课堂教学，使英语教师不断地创新和改革自己的教学模式，在课堂上和学生们进行互动来激发学生的学习兴趣。

参考文献

［1］ 党慧，何丹. 英语教育探索与实践［M］. 成都：电子科技大学出版社，2017.

［2］ 何继红，黄立鹤. 一体化与多元化的英语教育［M］. 上海：同济大学出版社，2017.

［3］ 邱东林，季佩英，范烨. 大学英语教育探索与实践［M］. 上海：复旦大学出版社，2012.

［4］ 陈雪芬. 中国英语教育变迁研究［M］. 杭州：浙江大学出版社，2011.

［5］ 杜秀君. 英语教育论［M］. 北京：北京理工大学出版社，2018.

［6］ 赖铮. 国际视野下的英语教育［M］. 厦门：厦门大学出版社，2008.

［7］ 李建红. 多元视角下的大学英语教育研究［M］. 上海：上海交通大学出版社，2011.

［8］ 陆巧华. 英语教育与教学初探［M］. 北京：北京工业大学出版社，2020.

［9］ 赵凤琴，张素红. 透视英语教育发展［M］. 北京：北京师范大学出版社，2013.

［10］ 赵利燕. 英语教育的教学方法研究与应用［M］. 长春：吉林人民出版社，2021.

［11］ 刘倩. 英语教师专业发展 理念与实践［M］. 济南：山东教育出版社，2009.

［12］ 武军霞. 情境教学法在英语教学中的重要性研究［J］. 成才之路，2018（20）：25.

［13］ 孔云. 经典教学理论与课堂教学应用［M］. 北京：海洋出版社.

［14］ 周娟娟. 高职高专英语情境教学［M］. 成都：四川大学出版社，2018.

［15］ 梁雪玲. 互动式教学模式在大学英语教学中的实施原则及策略［J］. 民族高等教育研究，2016（6）：35.

［16］ 丁睿. 大学英语教学发展研究［M］. 长春：吉林人民出版社，2019.

［17］ 黄强. 微课制作与创新教育［M］. 哈尔滨：哈尔滨出版社，2020.

［18］高桂贤．互动式教学法在大学英语教学中的应用［J］．新教育时代电子杂志（教师版），2020（47）：46.

［19］杨雪静．高校英语教学模式创新研究［M］．长春：吉林人民出版社，2019.

［20］郭建鹏．翻转课堂与高校教学创新［M］．厦门：厦门大学出版社，2018.

［21］何冰，汪涛．翻转课堂与英语教学［M］．长春：吉林人民出版社，2019.

［22］宋鑫婧．试论大学英语教学中互动式教学法的应用［J］．科教导刊，2015（24）：18.

［23］石帅．高校大学英语教学实践研究［M］．长春：吉林教育出版社，2020.

［24］李然．大学英语个性化教学研究［M］．天津：天津科学技术出版社，2020.

［25］廖丹璐．基于教学改革的大学英语教学实践［M］．北京：北京工业大学出版社，2019.

［26］郑立，姜桂桂．慕课与高校英语学习方式研究［M］．成都：西南交通大学出版社，2017.

［27］汤海丽．高校英语信息化教学改革与微课教学模式探究［M］．北京：冶金工业出版社，2018.

［28］刘媛．新时代高校英语教学研究［M］．北京：北京工业大学出版社，2019.

［29］俞柳英．高职高专院校英语教学中情感策略应用探索［J］．科教导刊（下旬），2018（12）：29.